宙《そら》跳ぶ落語家 三遊亭とむ

松垣透

彩流社

目次

第一章　正月風景

1　落語家三遊亭とむの正月

「平成最後の」という言葉が、いろいろな場所でこれでもかこれでもかと、どんなときにも、どんなものにも使われた二〇一九（平成三十一）年の元旦は少し肌寒かったものの、やがて太陽も顔を出し、穏やかに、また新たな一年が始まった。元旦の東京の地下鉄はのんびりとしていて、まだ早朝ということもあり、乗客も少なかった。地下鉄千代田線根津駅からほど近いところにある、落語家、三遊亭好楽師匠が自宅に作った寄席「池之端《いけのはた》しのぶ亭」に、好楽一門は真打ち、二ツ目は落語家の正装の羽織袴姿で、前座も改まった着物姿で集まっていた。

落語家の世界では、年末年始は特別だ。落語家の年末は、師匠のうちを大掃除して、それぞれのおかみさんも含めて、正月へ向けての手伝いをする。一門のおかみさん総出で、おせち料理を作る。

また、新年は、師匠の家に全員で集まって、新年を祝ってからそれぞれ寄席に出かける。売れっ子の師匠は、正月から寄席を掛け持ちする。華やかな雰囲気のなかで、満員の寄席で笑いを提供する。羽織袴姿で、忙しく満員の寄席を掛け持ちすることになる。それが一月一杯続く。好楽師匠は、そうしたことを弟子たちにも経験させたいという思いもあり、自宅一階に、寄席の池之端しのぶ亭を作った。落語界では、昔から一月いっぱいを正月としている。

好楽一門には、年末年始、毎年恒例になっていることがある。大晦日の三十一日に一門の前座は、好楽師匠が檀家の「養福寺」で、餅つきをして、年越しの除夜の鐘撞《つ》きの手伝いをする。それから、年越しそばをみんなで食べて謎かけ大会を行なう。それが終ると住職からお年玉を貰い、そのまま好楽師匠の自宅で酒を飲みながら、朝まで過ごして、新年の挨拶をするというもの。大晦日の夜の部には、三遊亭とむは前座のころは当然、参加していたが、二ツ目になってからは一門の前座の人数も多いことから参加しない。律儀《りちぎ》にいつも顔を出すとあまり喜ばれないが、たまに顔を出すと、喜ばれる。世間なんてそんなものだ。

平成最後の元旦は、一門の前座は池之端しのぶ亭に午前八時に集合、二ツ目と真打ちは午前九時に集合となっていた。とはいうものの、前座は、そのわずか数時間前の午前三時すぎまで、師匠のうちの近所のお寺で、手伝いをしていたから、終夜運転の電車があるといっても、またすぐにでかけないといけないからと、近くで時間を潰《つぶ》して待っていた。前座は辛いものだ。とむも、これまで落語家の正月を何回か経験したが、二ツ目になって今では朝、自宅から羽織袴姿で、出かける。落語家の二ツ目の正装は羽織袴だ。池之端しのぶ亭に着くとすぐに好楽師匠に新年の挨拶をして、お年玉と手拭を貰う。落語家の世界では、習慣になっている。ひとりひとり好楽師匠から「おめでとう」と、手渡される。好楽一門は、他の一門と比べても、どこまでも優しい。一門が穏やかで、みんな仲が良い。好楽師匠は前座にまで、「雑煮は食べたかい」と、気を配る。好楽師匠は、前座がいろいろと用事があることを知っているから、先に、雑煮を食べるようにいう。細かく気を配る。そこも好楽一門の良いところだ。好楽師匠の人柄をとてもよく表している。

元旦、池之端しのぶ亭に好楽一門が集合

とむは、このときばかりは神妙な顔で、師匠に年始の挨拶をしている。とむの声は、酒に焼けたように、掠《かす》れていた。その荒れた声で前夜、飲み過ぎたことがすぐに分かる。まずは、好楽師匠へ新年の挨拶をする。終わると、前座のひとりひとりにお年玉と手拭を渡す。すっかり落語家になっていた。一門が揃《そろ》って、池之端しのぶ亭のいつもは客席となる場所に置かれたテーブルに師匠の好楽と一緒に着いていた。

三遊亭好太郎。兼好。好の助。好吉。鯛好。とむ。ぽん太。はち好。西村。じゅうべえ。らっ好。兼太郎。じゃんけん。しゅりけん。そして、三遊亭王楽。

好楽の息子、王楽は、先代・圓楽の弟子だったが、息子ということもあり、好楽一門ではないが、いつもいる。好楽一門は、大所帯となった。

あるとき、とむに、好楽一門の人数を聞いたら、「何人かなあ」と、考えるように答えた。先日、好楽師匠が「自分を入れて十六人の大所帯になった」といっていたと伝えると、とむは「そうですね」と、答えた。「ぼくがちゃんと把握《はあく》していない」という。それほど、好楽一門が一気に大所帯になったということだ。そのなかで、いつの間にかとむは、好楽一門の中堅になっていた。

「兼好が、仕事で北海道にいて、欠席」と、冒頭に好楽がいって、一門の新年の賑《にぎ》やかな宴会がはじまった。一門が揃って、雑煮《ぞうに》で祝い、その後で、酒を酌《く》み交わす。好楽一門だけの正月が始まった。

落語の世界の正月とお笑いの世界の正月はまったく違う。

「お笑いの世界では、正月は休みですから」と、とむはいう。お笑いのときには年末年始は休みのイメージだった。よほどの売れっ子でもない限り、元旦から仕事で動くということはない。落語家の世界では、どこの一門もそうだが、年末は師匠のうちにお歳暮に挨拶に行き、新年は元旦に新年の挨拶をする。二ツ目以上には、お互いの手拭を交換する。弟子には手拭とお年玉を渡す。古くから落語界で行われている習慣だ。落語家の世界では、正月に会った前座、二ツ目やその家族、お囃子《はやし》さんなどに対して、必ずお年玉を渡す仕来りがある。その数も何百人になったりする。だから、落語家のなかには、お年玉の話をするときに必ず噺のまくらで、新年の落語会で年に一度しか会わない立川流の前座さんにもお年玉を渡さないといけない、それがまた「師匠おめでとうございます」と、次から次と出てくるんだ、と笑わせる。

「それは貰っているものだし、だから返さないといけない」と、とむはいう。

　お年玉といえば、とむは、入門一年目、貰ったお年玉をすべてを一覧表にしていた。それで一年間、その金額によってそのお年玉をくれた人に対する態度を決めていた。まさにそのものズバリの「現金な態度」だった。お年玉は、そのころのとむにとっては貴重な収入源だった。ひとによって、その金額はまちまちだった。やはり売れている人はお年玉も高額だった。お年玉の袋の中身を見て「おお、すげえ」と、とむは素直にその金額に驚いた。そのことは今でもよく覚えている。今は、自分がお年玉を渡す側になっている。年の瀬には、お年玉だけで、結構な金額を用意しないといけない。大変だが、自分もこのお年玉で助かったのだからと、とむはいう。それでも、入門してその年の九月に楽屋に入って、四カ月後の正月は特に辛かったと、とむは入門当時を思い返していた。その一月二日には、あまりの辛さに泣いていた。

「何で(自分は)こんなことをやらないといけないんだ」

　そのころ、落語についても知らない、落語界のことも、右も左も分からないなかでの下働きがとむには、とても辛かった。何をやることが正解なのか、間違っていて否定されるのか分からなかった。年齢に関係なく、年下でも一日でも先に入門したら、兄弟子となる。そうしたことがそれまでに溜まっていて、それが正月に一度に弾けた感じだった。落語家の修業は辛かった。これまでに経験したことがなかったほど、いろいろと厳しくいわれた。

何よりも、とむは、自分にはお笑い十二年のキャリアがあり、それを持ったまま落語界というまったく知らない世界に入り、そこで、右も左も、勝手も仕来《しきた》りも、何も分からず、辛いし、何でこんなことをしているんだろうと毎日思っていた。年下の兄弟子のいうことを「はいはい」ときかないといけなかった。

落語のこともよく分からなかった。「何でこんなことをしているのか」と、思った。

入門して三カ月で周囲にも「辞めたい」といっていた。好楽師匠にも、「辞めたい」と、話したことがあった。

「辞めてもいいし、どんな道に進んでも、お前の師匠であることは変わらないから」と、好楽師匠はとむにいった。

「師匠にこんなことをいわせたらいけない」と、とむは反省した。周囲は、とむが落語家を辞めそうだ、ということが噂として、お笑いの先輩たちに伝わっていた。

そのころのとむは、お笑いの人たちに会うと必ず愚痴《ぐち》をこぼしていた。だから、それが伝言ゲームのように次から次へと伝わっていった。

「(落語家を)辞めたら駄目だ」と、とむに直接いってきたのは、世界的な人気者になったあのピコ太郎だった。

《ピコ太郎　シンガー・ソングライター。「ペンパイナッポーアッポーペン（ＰＰＡＰ）」が、動画で世界的な大ヒットとなった。それまでもお笑いと音楽活動を行っていた。》

「お前、（落語家に）むいている。辞めるな」とメールがきた。

とむが、お笑いの世界から落語家の道を選んだことを知った「雨あがり決死隊」の宮迫博之は「賢い選択をしたと思うで」と、伝えてきた。とむは、親友のタレント、ウエンツ瑛士には、毎日、愚痴をこぼしていた。

「みんなに支えられました」と、とむはいう。自分でも、ここで落語家を辞めたら、全てを失うということは分かっていた。十五歳でお笑いの世界に飛び込み、本名の末高斗夢の名前で売れて、よくテレビでもその姿を見るようになって、二十歳でお笑いで喰えるようになり、今度は次第に仕事がなくなり、二十三歳でまったく喰えなくなった。二十四歳から二十六歳のときは、ものすごく辛かった。ふらふらしていて、一時は役者の世界に行こうかとも思った。役者宣言をしたりした。実際にお笑いの活動も一年間休止していた。

今、そのときのことを思うと、方針がぶれていた。自分が見えなくなっていた。その頃、所属していた会社とも衝突したりした。

そして、落語家になった。借金も五百万円ほどあった。その多くがお笑いのときに、舞台で使う小道具を買ったことと二十代前半の良い生活が抜けなくて、背伸びをして住んでいた家の家賃などだった。大部分は返済していたが、残りについても、落語家になって二、三年で返した。貰ったお年玉も借金返済に当てた。借金を返し終えたときに、怖い物はなくなった。この辛い何年間かを抜け出ることができたと思えた。

ともが落語家の世界を辞めなかったもうひとつはR-1ぐらんぷりの決勝に行くことができたことだった。

池之端しのぶ亭は、好楽師匠が作った寄席だ。

《寄席若竹　五代目三遊亭圓楽が東京都江東区東陽町五丁目に作った寄席。もともとは、圓楽の師匠である六代目三遊亭圓生が落語協会を脱会したことから、都内の寄席に出ることができなくなり、圓楽が弟子たちの稽古の場としての寄席を私財をなげうって作った。若竹は一九八五年四月にオープン。八九年十一月まで続いた。落語協会は、所属落語家には、若竹出演は禁止していた。》

池之端しのぶ亭の前で、好楽師匠を中心に一門のみんなが揃《そろ》って記念撮影を行った。穏やかな元旦だったが、そのぶん日差しが強く、眩《まぶ》しい。その後、タクシーに分乗して、両国での理事会に行く。五代目圓楽一門会の理事会は年に一度、集まる。そのために全員が集まる。毎年一門の三分の二は来る。毎年のことではあるが、これまでもそうだったが、理事会の席上、これからの真打ちや二ツ目の昇進を決めることもある。議題については、ともには分からないことではあったが、気になる時期ではあった。

そうしたことを考えると、そろそろ、とむの二ツ目から真打ちへの昇進のことが話題になっても良い頃ではあった。一般的に、前座何年、二ツ目何年という昇進の大まかな決まりがある。それがないのは、立川流くらいだ。立川流は、立川談志が生きている間は、まるで自分の目が黒いうちは、というように、すべて自分で決めていた。一応、世間的には、二ツ目は落語いくつ、真打ちはいくつというような具体的な事柄はあったが、実際には、すべてが談志の気持ち次第だった。弟子たちにもそのことはよく分かっていた。

「まだ上(先輩)がいるから」と、とむは自分の真打ち昇進はまだまだという。「ぼくのなかでは、今じゃないと思っているという。東京国際フォーラムで千五百人を集め、さらに三千人の会場でお客さんを集める落語会もやらないといけない。自分でそう決めている。とむが、自身で企画しているのは、東京・有楽町の東京国際フォーラムでの独演会だった。これまで有楽町の読売ホールでも会をやった。このときも、独力で満席にした。

「今、真打ちになるのは、急いでも仕方がない。新潟では十カ所以上、新潟以外でも全国で十カ所以上で独演会をやっていて、人が集まるようになった。もうちょっと、今の状況をつなぎたい。真打ちはスタートではなく、(自分のなかで)確固たるものを作りたい」

よく、落語家は、真打ちについて、スタートだという。実際には、真打ちになるときには、もうそこで差がはっきりとついてしまっている。スタートでも何でもない。スタートは弟子入りした前座のときで、その時からどれだけ努力するかで決まる。当然、その人の持って生まれた才能も大きく左右する。それでも笑いについて、落語について、噺について、古典藝能についてどれだけ考えているかで決まっていくことになる。

来年、自分は何ができるかだ。十月の前はR-1ぐらんぷり。そこでひとつでも上にいきたいと考えている。所属事務所となったエイベックスと一緒にいろいろな仕事をしたい。わかりやすく、テレビショッピングのQVCをやりたいとも考えている。その番組を持ちたい。商品を説明する人になりたいと話した。その理由について、「噺家ではだれもやっていないから」と、とむはいう。

とむにとっては、今年は勝負の年だ。十月には、東京国際フォーラムでの独演会も決まっている。それは毎年、同じことで、勝負は続いている。真打ち昇進がいつになるか、まだとむの上に兄弟子もいるから、その順番からいうと、昇進はまだだ。自身では、十月の東京国際フォーラムはもちろんだが、その前に、いろいろとやりたいこともある云々《うんぬん》。

2　落語家で売れるということ

寄席や落語会では、開場のときに、前座さんが一番太鼓を叩く。

お客さんの入りのときの太鼓から、開演五分前の二番太鼓から、すべてがアナウンスの放送ではなく、太鼓の音で分かるようになっている。ホール落語では、さらにアナウンスが流れて、さまざまな注意が放送ある。会が終わると、「ありがとうございました」の落語家の声と一緒に、ハネ太鼓、追い出し太鼓がドロドロと響く。落語家が高座にあがるときにも、それぞれが出囃子《でばやし》で上がる。寄席では、前座が太鼓を叩き、お囃子さんが三味線を演奏する。落語好きには、その出囃子を聞いただけで、誰が出てくるのか分かる。好きな落語家のときには、特にそうだ。

あるとき、ある出囃子が流れて、出てきた噺家が、「師匠の出囃子で出てみました」と、懐かしそうに話していたことがあった。とても良いものだ。師匠と弟子というのは、そうしたほんわかとした感じも良いものだ。

「師匠、真打ちになるまでに何かやれることはありますか」と、三遊亭とむは好楽師匠に訊いたことがある。

落語の世界では、真打ち、二ツ目といった昇格に関しては、それぞれの会によって違う。圓楽一門会では、前座の期間、二ツ目の期間、真打ちに昇進する時期などはだいたい、入門順で決まっている。そのため、三遊亭圓楽一門会では、だいたい自分がどの時期に昇進するのかということが分かる。それだけに、そこに向かって予定を組むことができる。年の初めに一門が集まり、だいたい、その年にどういうことを行うかを決める。その際、その年の真打ち、二ツ目といった昇格についても、おおよその予定が示されることになる。そろそろとむも、周囲を見回してみると、本人は自身がいつ真打ちに昇進するのかが分かる。とむも、そのことが気になるようになった。

「落語なんかうまくならなくていいから、売れろ」と、そのときには好楽師匠にいわれた。とむは最初、師匠のいっている意味がよく分からなかった。

「何なんだ、落語はうまくならなくてもいいのか」と、とむは師匠のその言葉の意味だけをそう理解した。そのことをとむは妻にいった。

「ちょっとは(落語も)うまくなってよ」

とむの妻はそういった。

そのことをずっと考えていた。とむは、先日、古今亭志ん朝師の噺を残された音源で聞いていた。うまい人の落語を聞き直してみて、自分の落語と比較してみて、どうしても、自分はそうはなれないだろうと思う。

「うまい落語家にはなれない。お前はそっちじゃなくて、もっと違う、売れるほうを目指せ」と、好楽師匠がいっているのではないかと思うようになった。

「(落語家には)いろんなやり方があるが、まずは(自分は)知名度をあげることではないか」と、とむは師匠の言葉を自分なりにそう理解した。

好楽師匠とのやりとりで、その話が出たのは、師匠の大好きな競馬の話をしていたなかでだった。とむは自分でも驚いた。売れるということは、師匠としては、もっと派手にテレビに出たりする弟子になってほしいんだろうなあ、それも師匠の力ではなく、自分の力で売れて欲しいのだろう。

「お弟子さんのとむさんも何かやっていましたね」といわれるようにしないといけないと、とむは考える。そのためには、もっと人気者にならないといけない。

そうしたとき、とむにとっては、久しぶりの、好楽師匠との落語会があった。仲入り後に、とむがあがって、次にトリの好楽師匠だった。そこで好楽師匠はまくらで、とむの話をした。

「あいつはラジオに酒を飲んで出ていたと、リスナーの人が師匠のうちに電話してきた」と、そのことをとむは話す。

「はい、好楽です」と好楽師匠は電話に出た。

「好楽さん、あなたどんな弟子を育てているの」と、電話の向こうの人が好楽にいう。

それで、電話の向こうの人は、先日のとむが出たラジオ番組の話をした。好楽師匠は、相手に謝って、電話を切った。その電話を聞いていたおかみさんが怒って、「何で、うちのひとがあの子（とむ）のために謝らないといけないのよ」と、いった。高座で好楽師匠はその話をしながら、「本人に『駄目だよ』といったんです」と、お客さんを笑わせた。

それをとむは、高座の袖《そで》で聞いていた。「本人が（電話に）出るほうも出るほうですけど」と、とむは笑う。ちゃんとやってやるからといったので、気にはしてくれているのだなと、とむはそのことをいう。

とむ自身のなかではこれから先、真打ち昇進までの道筋はもう決まっている。

「やっていれば、ワンチャンスがくるんじゃないかなと思っている。そのときに、今までの経験を生かして、そこで謙虚に、丁寧《ていねい》にやれば、もしかしたら、十両にあがれるのではないかと。ものが違い、格が違うのだ。豊ノ島関がケガから復活して、土俵に戻ったときのように。格好いいじゃないですか。素敵じゃないですか。今のぼくは、這《は》い上がっていかないと。まだ引退するには早いから。だから、頑張らないといけない。ぼくは相撲が好きなんで」と、とむは今の自身の立場をすべて相撲の世界に例え、さらに話題になっていた豊ノ島に例えて説明した。そうすることで、とむ自身にも分かりやすいようだ。とむは現在の自分のことを相撲の世界にたとえてよく話す。

「売れていないやつが、どうこういっても、この世界では幕下なので。どうしても十両にならないといけない。くやしいですけど。『あの人がいつも頑張っているわね、だから幕下の上位にいるわね』では駄目なんですよ。十両にならないと。いつだってあがりたい。でもなかなか上がらせてもらえないんですよ。一瞬、ぼくはお笑いのときに、十両に上がれたと思っているので。イメージ的には一場所か二場所で、幕下に陥落したんですけど。そのあと一門を、名前も四股名《しこな》も変えてやっているんですけど。だからこそ、藝能界を相撲界とするならば、相撲界なら、知られている。一度、十両に行っているんで。で、十両の人や幕内の人たちは『頑張れよ』と、仲良くしてくれるんですけど。でも、みんな冷静で、『とはいえ、あいつは幕下だから』と。幕下で、ちゃんことかうまくて、ご祝儀を貰って生活している人です。応援してくれる人たちのお情けで。だからこそ、本物になるために、もう一度、十両に上がれるように。そこで、最終的に十両に行くためには、何なのというと、テレビですよね。矛盾しているようで、やはりそういうことですよね」

よく「落語家は評論家に、なってはいけない」というが、とむは評論家以上に、自分を正確に細かく分析していた。それだけ、とむは自分のことをよく見ているし、考えている。そして、分析もしている。

「今は、自分は三段目。休んだら、番付が下がる。藝能界も相撲の世界と一緒だ。下手したら、前相撲くらいまで落ちる。だから、ぼくは藝能界は相撲と一緒だと思っている。でも、落語界は、相撲ではない。一度上がったら、下がらない。落ちない。すごく優しい世界ですよ。自分は相撲でいったら、元十両十枚目の力士で。今のところ、自分は元十両の力士ではあるが、今はまだ関取ではないので。今は、幕下か、三枚目の上位力士、それもベテランみたいになっているので」と、苦笑い。「もう一回、やり方を変えて、もう一度どうしても十両に行かないと。まずは十両に行かないと。取り組み方は、好きでいいと思う。奇をてらって、ベテランらしく立ち合いを変えてもいいと思う。とにかく十両に行かないといけないと思う。真打ちは年寄株みたいなものだと思っているんです。その年寄株を貰うには、もう一度十両に行かないと協会が認めない。十両の行き方を考えないと。だからＮＨＫの大河ドラマ『いだてん』にも挑戦する。どこで、どんな立ち会いで勝ち越しできるか分からない。だから、来る者拒《こば》まずと。とにかく、何かやっている姿を見せないと。人目についてなんぼですから。結構、そこは考えていかないといけない」

とむの説明は、すべてが相撲の例えだった。自身も自分の立場を相撲に例えることが分かりやすく、本人もそれだけ相撲が好きだということもあるようだ。

二〇二〇年に真打ちになっていないなら、さらに大きなところで落語会をやる。その先には日本武道館での真打ち披露がある。自分しかできないことをやっていくことがとても大事になる。そこでは、スーパー落語をやろうと、とむは思う。そこでは、「天狗裁き」を宙乗りでやろうと考えている。天狗が宙乗りする演出を考えていた。
《天狗裁き　古典落語。長屋の熊公が夢を見て、かみさんがどんな夢を見たのかと聞き出そうとして大喧嘩となる。それを聞いた隣りの辰公が、仲裁に入り、熊公から、どんな夢を見たのか聞き出そうとする。兄弟分だから、女房には言えなくても俺には言えるだろうと、聞き出そうとする。それでまた喧嘩となる。その喧嘩を聞きつけて、今度は大家が仲裁に入る。大家といえば、親も同然だから、言えるだろうと。それでも、見ていないものは、お奉行さまにも言えないと。そこで大家もカンカンになって、訴える。奉行も知りたくてたまらない。どんな夢を見たか、奉行には言えるだろうと。見てないものは、お奉行にもいえないと。奉行が怖くないのか、と。怖いのは、天狗さまだけ。それならと、お奉行は、その天狗に裁かせるといって、熊公を山の上に連れて行く。天狗も熊公の夢を知りたがる。だまして、天狗の羽団扇を手に入れ……。》
「天狗裁き」は、兄弟子の三遊亭兼好師に習った。兼好師に噺を稽古してもらうのは、初めてだった。

昔から、落語家の稽古は、三べん稽古といって、まず、稽古をつけて貰う師匠に通して噺をしてもらう。一日一回で、三日間にわたって、師匠が目の前で口演してくれる。覚えて四日目に、師匠の目の前で演じて、噺を直して貰い、師匠の了解が出たら、高座でその噺をやっても良いということになる。実際には、三べん稽古とはいうもの、昔から普通、何度も高座の袖で噺を聴いているので、覚えていることが多い。今では、簡単にＩＣレコーダーなどに録音して何度も聞いて覚える。

入門して最初に覚えるのは、立川流では「道灌」と決まっている。弟子が多くなってから、立川談志は、「他の弟子に教われ」といって、稽古をつけなくなった。とはいうもの、地方に出かけたときに、深夜、「思い出作りだ」といって、急に噺の稽古をつけたりした。落語の世界では「穴子でからぬけ」を教えるところもある。

誰のどの噺を覚えるのか、落語家にとってはとても大切なことだ。高座での落語家の噺を聞いていると、その噺は誰から教わったものなのかすぐに分かる。特にそれをやっている落語家にはもっと分かるという。

それぞれが作ったオリジナルのくすぐりを入れているとなおさらだ。

よく落語家は、この噺は誰々師匠に稽古をつけてもらったものだということをいう。その噺の氏素性の確かさをそれで表現している。

立川談志師匠からかつて、自分が噺を教えるときは、二通りを教えるということを直接聞いた。自分が稽古をつけてもらった師匠から教わった通りのままのものと、自分はそれを高座でこうやっているという二通りだ。そうすることで落語の歴史がつながるというのだ。古典落語はそうして続いていく。自分が教わった財産をつなげていく。それが自分たちの役割なのだと。噺はそうして古典となり、脈々と続いている。

落語家は自分の師匠以外にも、いろいろな落語家のところに稽古に行く。若いときは、電車代だけでなく、食事まで出してもらったりする。若いときは、誰も喰えないことをみんな知っている。

どんな師匠も若いときには、苦労をしている。噺を覚えることで、何度でも高座にかけ、将来の飯のタネになる。将来の飯のタネも大事だが、今腹を一杯にさせることも大事になる。

『天狗裁き』は(三遊亭)小円朝師の流れで、兼好師に稽古を付けてもらった」と、とむはいう。とむは自分の噺についていろいろと考えることがある。「ぼくも考えを改めて、新作が受けないので、独りよがりになっているのではないかと考えたりする。だからみんなに意見を聞いている」という。

「見てもらえないか」と、相手に頭を下げる。とむの兄弟子も弟弟子も、自分よりも落語について詳しい。「あそこは、こうしたほうがいい」と、きちんと教えてくれる。そのことをお笑いの世界も知っているとむは比較して、「落語界は優しい」と、とむはいう。そうして、寄席で一緒のときに、自分の高座を見てもらい、どうすれば、この噺がもっと良くなるかを指摘してもらうことにしている。

アドバイスを受けて、それを修正した新作落語「『ん』の無い女」は、見違えるように良くなった。とむにしても、この新作「『ん』の無い女」はこれまでになく、自信作だった。

とむはスーパー落語として、高座にかける「天狗裁き」にしても、普通に笑いが取れるようにしなければいけないと考える。だから兼好師に初めて、稽古を付けてもらった。それまでに知らない兼好師を見たという。稽古を付けて貰う前に、兼好師のＣＤを買って聞いていた。独特の表現があり、噺の作り方にも兼好師のオリジナリティが至る所に感じられた。

「やはり、うちの師匠の弟子だな」と、ともはおかしそうだ。

稽古の前に最低限の噺を頭に入れて覚えていた。それでも、やはり、稽古での所作は勉強になった。細かいところ、ここだけは抑えておきたいというところは大事にしている。「最近、落語ばかりやっていて、どうしたんですか」と、ともは弟弟子にいわれた。

ともは兼好師に稽古をつけてもらいながら、ひとつひとつが綺麗だと感じた。所作も含めてそう思った。キャラクターを作っていく兼好流のやり方は、このひとうまいなあと感じた。そこに尽きる。他の落語家に比べてもネタ数も多い。バランスもみている。すごく強みなのは、変に兼好ブームを作らずに、いい意味で、落語界で泳いでいる。ブームを作ってはいない。ブームを作ると、落ちないといけない。お笑いも落語も。ブームになると、生き残るのは大変だ。上がるのも早いし、落ちるのも早い。そうしたなかで生きていかなければいけない。ともは兼好師をそう分析した。

ある落語会を主催しているあるベテランの人が、「今、二ツ目さんが異常な状態になっていて、呼びたくても忙しくて呼べない。今までこんなことはなかった」と、話していた。

人気のある二ツ目も多い。なかでもそれを象徴していたのが落語藝術協会の二ツ目の集まり「成金」の人気だ。最初こそ、若手落語家の一部の人が売れたそのブームにのって、「成金」も注目された。お客さんも増えた。最終的にブームのなかでも、ひとり飛び抜けて、神田松之丞だけが売れた。成金は二ツ目のときにだけの集まりで、誰かが真打ちになると解散ということが決まっていた。

それ以前に、松之丞ひとりだけが飛び抜けて、人気者になって売れた。
《成金　落語芸術協会の所属の若手落語家、講談師の二ツ目の集団だった。過去形なのは、だれかが真打ちになると解散すると決めていたからだ。毎週金曜日に、新宿で自主公演を行っていたことから、この名前となった。メンバーの柳亭小痴楽と神田松之丞が真打ちとなり、自主公演は終了した。》
《神田松之丞　一九八三年、東京都生まれ。講談師。二ツ目で、その熱演から、独演会で会場を一杯にして、注目された。二〇二〇年二月に、真打ち昇進で、六代神田伯山を襲名した。》
落語家は安定した人のほうが強いと、とむは思う。
「ぼくは、まだ落語の実力がない。それでも奇をてらったことをやらないと目立たない」

3　地方での落語会

三遊亭とむは全国各地で落語会をやっているが、名古屋でも落語会をやっている。名古屋にはとむの母方の実家がある。その上、祖父、祖母の墓が名古屋にある。

「名古屋で落語会がないかな。墓参りをしたいから」と、とむは母親にいわれて、それなら独演会でもやるかというので落語会をはじめた。それがきっかけでやりはじめた落語会だった。「大須でやろうか」と。勝負してみるかとなった。二〇一七(平成二九)年に初めてやって、会場の大須演藝場は一杯になった。知り合いにも頼んだ。大須演藝場の百三十席のうち百人が入った。名古屋市中区の名古屋を代表する商店街に大須がある。ここに、中京圏で唯一の寄席である大須演藝場がある。かつて、ここは客が少ないことで有名で、その苦境を知り、古今亭志ん朝が独演会をここで開き、チケットの入手が困難な落語会だった。その音源が残されている。若手落語家が東京から訪れ、楽屋に寝泊まりして、高座を勤めていた。なかには、若手ではないが、快楽亭ブラックも、ここの楽屋に住みながら、たびたび大須演藝場の高座を勤めていた。大須演藝場は、とむも、すごくやりやすかった。「ここいいじゃん」と、それから大須演藝場で落語会を続けている。

とむの落語会は全国で行っているが、名古屋でも来てくれているお客の数は確実に増えていた。とむが、落語会をやっている場所も、全国に広がっている。新潟だけでも小さい会を含めて、十一カ所になった。

「最初、佐渡でやって、それだけだと、お金にならないので、新潟市内の居酒屋さんで会をやった。それが新聞に載って、それを見た牧町のおじさんが、『うちでも』ということで、どんどん広がって、そのうちに、十一カ所になった。結局、新潟には月一くらいで行っている。それも縁だなあ」

と、とむはいう。

北海道でもそうしたとむの落語会は広がっている。旭川のある高校でやったら、「今年は四校合同でしよう」ということになった。昼間に生徒の前で、夜は保護者の前でということになった。そうしたように全国で落語会の場所が増えて、広がってきている。

「みんなに、『どうやってるの』といわれる」という。そんな難しいことはしていない。とむの性格もあり、友達になるのがうまく、縁が続いて、会が広がっていく。とはいってもすべての地方での落語会がそうして成功しているわけではない。なかには、当然、失敗している落語会もある。すべてが経験だった。

とある県で落語会をやったら、蓋を開けてみると、お客さんが四人だったということがあった。そうしたこともあり、とむは分析する。毎回、失敗するのは、知り合いの知り合いが主催する会だ。間にひとり誰かが入ると、必ず失敗する。主催者も集客もしていないというケース。四人でもいいから真剣にやる。次をやらせて貰えれば、と。主催している人のその人柄を見た。最初は金額を決めない。落語の料金は、とむがもらい、打ち上げの代金は店の収入にするということも多い。一カ所目は、赤字覚悟で行く。すると必ずそれが広がっていく。最近はもうその会が成功するか失敗するか会をやる前から分かる。ここはうまくいかないとか、うまくいくとか分かる。本人に責任感があるかないか。客商売なのに、客の相手が下手な店主。予約は取るが、先にお金を貰えない店主とか。最初から金をとっておいて、何があっても来させるシステムを作る。だけどそれができないところは、駄目だと、とむはいう。そういうところは、見ていると、落語会だけではなく、店自体が弱ってきている。だから、そういうところでやる場合には、必ず、金額を決めて、やる。そういうところの店主は、落語会も人を集めない。だから人数が増えていかない。「こっちもモチベーションが下がる。だから止めようかなあと思う」と、とむは厳しくいう。

「ぼくの場合は、ぼくが厳しくいう。自分が強いので、いえる」と、とむはいうが、ときには厳しくいい過ぎて、その人を傷つけることもある。そのこともとむは自分でも分かっていても、強くいってしまう。

「感謝の気持ちでやれないの」と、とむは妻にいわれたりする。

一年に一度でもこうして全国で落語会をやっていると地方で、普通に入っていって、落語会でもなく、家の近所でもないのに普通に「よっ」と、挨拶して入っていける。それはとむの人柄だろう。

「まだ売れてないからなんですけど。全国の人たちのために、売れないといけない。そこは大事にしていきたい」

4　チケットのこと

コンピューターのミスで連雀亭《れんじゃくてい》に、その年の一月に十一回出ることになった。普通は、連雀亭の出番は多くても一カ月三回だ。三遊亭とむは鞄《かばん》から取り出したノートを見ながら、「一、二、三、四、五、六、七、八、九、十、十一回。十一回出ますから。面白いから全部出てやろうと思って。別の寄席をやめてまで連雀亭に出ますから。せっかく入れて貰って。みんなにいわれたんですよ。『兄さん、そうやって連雀亭をなめて、いつも代演ばかり立てているから、罰があたったんですよ』って」と笑った。

《連雀亭　東京・神田にある寄席。もともとは貸席だった。今では、定席としても運営されている。座席数は三十八席とこぢんまりしているので、若手の落語家さんにはやりやすく、お客さんにも高座が近いと好評だ。かつては、古今亭志ん輔師が運営にも関わっていたが、今は、ビルのオーナーと二ツ目によって運営されている。》

何かトラブルがあったとしても、とむは、そのことを楽しもうとしているかのようだ。そうしたことを面白がって、また高座のまくらでみんなに披露して、それで笑いを取る。すべてを笑いに変えてしまう。それは笑いを生業《なりわい》にしている者としては当然のことだ。

「ぼくからチケットを買ったというおじいさんがTBSに問い合わせてきて、チケットをなくしたので、再発行してくれ、と。そうしたことにも対応しないといけない。いくら時間があっても足りない。『とむさんが、チケットをなくしてもいいといった』と。そんなことというわけないじゃない」

とむは以前から、すべてを、自分ひとりでやっていた。だれかをはさんでも、最終的には全部自分に戻ってくる。だからある程度抱え込まないと、自分のリズムにはならない。忙しいときほど、しっかりとやる。落語についてもそうだ。この時間しかないとなるとそれで噺を覚える。それでも、一月はいろいろと集中しすぎているようだ。

とむは自分でチケット売った人の名前と、その数をノートに書いている。少し癖のある字なので、他の人が読むのは少し大変だが、そこには、名前と、チケットを送ったかどうか、代金を振り込んで貰ったかどうかなどがきちんと書かれている。これまでも自分の大きな会では、とむひとりで三百枚以上のチケットを売っている。落語会ごとにチケットの枚数も書いているので、自分がどれくらい売ったかはすぐに分かる。嫁には「人に任せたら」ともいわれる。真打ち披露の武道館のときも、チケット販売についても全国から来てもらうから最低限は自分でやろうと思っている。

実は、前夜も、飲み屋でチケットを三枚売ったと話す。

二〇一八年の有楽町の読売ホールでの会のときには、財布を忘れて、拾ってくれた人にチケットを売った。博多の屋台で偶然、隣になった人にもチケットを買ってもらった。チケットを売ることについて、とむは、「普段やっていることだから、苦労しない。ぼくは人で来て貰っている。そう肌で感じられる」という。

色鮮やかな赤パッケージの「とむ茶」

今はしこしことチケットを手売りしているが、いずれは「自分でもチケットを取れないんですよ」というようにならないといけないと笑う。

売っているのは、自分の落語会のチケットだけではない。自分の手拭《てぬぐい》やとむ茶という名前のお茶も売っている。ただそうした商品を売っているだけでなく、そこでもとむは分析をしてみせた。

あるとき、自身の落語会で、お茶や手拭が売れるときは、良い落語をやっているときだと気付いた。最初、お茶の売れ行きが悪かった。これは本当にうまいから、飲ませてみようと思った。落語会の休憩中にお茶を配った。

「おいしいわね、これ。二つ頂戴《ちょうだい》」

「サイン書きますよ」

「サイン書いてくれるの、じゃあ三つ頂戴」

「四つ買ってくれたら、五個にしますよ」

「それじゃあ四つちょうだい」

面白いもので、落語の調子がよくなかったときには、お茶は売れない。落語会のお客さんはお茶を買いに来たわけではない。落語が良いときにはお茶がよく売れる。だから、落語もちゃんとやらないといけない。そうしたこともあり、全国を廻っていると面白いなと思う。お茶がおいしいのもあるが、この人のお茶を持っていたら、自分にも得があるかもしれない、とお客さんがそう思う。そのことに気付いた。手拭だってそうだ。別にお情けで買って貰っているところもあるのだろう。

「とむの手拭いを持っていたら、みんなに自慢できることもあるだろうなあと。だから、落語はしっかりとやらないといけない」

とはいうものの、最終的にやはり基本である、そのことはとむ自身が一番良く分かっている。そして、何事も必ず落語に戻ってくる。

第二章　好楽師匠への入門

1　お笑いの世界

人に優しく接すること。常に笑っていること。三遊亭とむが師匠の三遊亭好楽に教わったことだ。

これまで、とむは、入門してから、好楽師匠に二度だけ、怒られたことがある。

最初は、自分を応援してくれている人の名前をラジオで間違えたときだ。たまたま好楽師匠がその放送を聞いていて、その名前の間違いに気付き、とむは怒られた。

二度目は、好楽師匠の出た落語会の打ち上げで、そこにコンパニオンが参加していた。主催者がよかれと思って、若い女性を打ち上げに参加させたものだった。このコンパニオンの態度が、とむが見ていて、とても失礼だった。

「笑点とか知らなぁーい」とか、好楽師匠のことを「おじいちゃんやってー」と、いっていた。その様子はとても失礼だった。とむは、このコンパニオンを会場の隅に連れて行って、「失礼だ」と、怒った。そのコンパニオンは彼女なりに、そういう態度を取ることで、好楽師匠とコミュニケーションを図ろうとしたのだろう。

それでも、とむはそのコンパニオンの態度を見ていて、「何だこいつ」と思った。「もういいから」と、とむはコンパニオンを呼び出して、「もう、うちの師匠のところにいかなくていいから」と、彼女に指示した。

その打ち上げからの帰りのタクシーのなかで、好楽師匠は、とむにいった。

「たった一時間半の打ち上げじゃないか。そこで、にこにこしていたら、良い気持ちで帰っていったと思われるじゃないか。そんなに怒ったら損だよ」

好楽師匠はいつものおだやかな口調でとむにいった。

好楽師匠は、会場でのとむの様子を見ていたようだ。まさか、自分がそうしたことをやっているのを師匠が見ていたとはとむは思っていなかった。実際には、とむの動きをずっと師匠は見ていた。

とむは、深く反省した。

怒られたということでいえば、年齢を重ねるごとに、叱《しか》られることは少なくなる。いつの頃からか、あまり怒られなくなる。

とむは「怒られなくなってきたなあ」と思った。そのことが逆に、ちょっとまずいなと思うことがあった。入門して、前座修業が終わり、二ツ目になり、周囲から怒られなくなった。

人生において、怒られなくなったら、おしまいだと、とむは思う。何よりも、怒ってくれる人がいるうちが華だ。

とむは自分のことを考えると、身内以外の人から怒られなくなった。怒られなくなったということは無視されているということでもある。それはとても怖いことだと、とむは思う。もしかしたら、自分がしっかりしてきたのかもしれないが、何か失敗したときに、その何倍かの大きな反動で自分に返ってくるのではないか。そのことを考えた時に、こうして怒られなくなったということに怖さを感じるようになった。

だから、とむは、所属事務所として、エイベックスに入った。そこには、かつて、自分を怒ってくれた人がいた。だから、事務所を選ぶときにエイベックスに決めた。

「お笑いの頃、昔の先輩たちが怒ってくれていた。当時、ぼくはまだ子供だったし。そのトーンで怒ってくるし、こないだも、もっと謙虚にと怒られるし。十九、二十歳のころは、分からなかったが、今は分かる。怒られても、聞いていなかった。それ以上に、怖いものがなかった。当時の映像を今見ると、自分の顔に『怖い物はない』と書いてあるのが分かる。だから、テレビに呼ばれていた。その理由が分かる。けっして、当時の自分の藝は面白くなかった」

とむは今、少し人間らしく、優しくなったと自分で思う。藝能界としては、何か欠点があるほうがいいと、とむは思う。

とむは、あるとき、急に髪の毛が伸びているのが気になった。それで、鏡を見ていて、「自分の顔は幸せすぎる」と、思った。「こいつ、幸せすぎる」と、自分で自分の顔がそう見えた。とむは、もともと端正な顔立ちだ。痩《や》せていて、精悍《せいかん》な顔立ちでもある。お笑いの人間は「馬鹿にされてナンボだ」と、とむは思う。藝能界で成功している人は、「少し不幸だ」とも、とむは思う。馬鹿なことをやっているなあと思ってもらうほうがいい。そのことを思っていた。とむは髪を切って、丸坊主にした。

そう思ったその日に髪を刈った。とむの行動は、いつもながら早い。まず行動することで、あとになって後悔することもあるが、それでも思ったことはやらないと気が済まない。性格だから仕方がないとも思う。ほかのことでもそうだ。大きな落語会の会場を借りて、会の直前までチケットが売れないときも、やらなければ良かったと後悔する。

藝能界というところは、幸せなものを見に来ていないからだと、とむはいう。「ちょっと幸せ過ぎる」ということで、幸せな藝能人は売れないと、とむは思う。だから、そうした藝能人には、負けたくないとも思う。

売れるためには、やれることは何でもやる。それは昔から今もまったく変わらない。不幸ではないことが、とむにとってはある意味、悩みだった。自分のなかでは不幸ではないからだ。自分のなかでは、貧乏エピソードもないし。本当に、幸せになる人はそっちのほうが早いような気がする。どこか最後に、パワーで負けてしまうのではないかと思う。人間、生まれた環境は変えられない。藝能界は、貧乏だろうが、金持ちだろうが、関係ない。

だからこそ、フラットで、競争の世界だ。だから、尚更《なおさら》負けたくない。

「今、自分も周囲からは、いろいろとやっているけれど、あいつは売れないなと、思われているのかもしれない。世間からは、どうやって喰っているのかも分からないだろう」という。

かつて、末高斗夢の名前で、お笑いの世界で活躍していた。お笑いの時代のとむのことを知っている人たちも、今は末高斗夢が三遊亭とむの名前で、落語家になっていることを知らない人が多い。それでもいいと思う。だからこそ、一回、落語家で売れてやろうと思う。今はチャンスを生かしていないだけだ。とむは思う。自分もチャンスを貰っている。

「これまで三つ、大きなチャンスを貰った」

ひとつは、お笑い藝人として、一瞬、テレビに出たことで、顔や名前は売れた。だから、今でもかつての末高斗夢という駄洒落《だじゃれ》の藝と名前と顔が一部ではよく知られている。

二つ目は、落語家になれたこと。三遊亭好楽師匠の弟子になり、三遊亭とむとして、落語家になった。そこで、前座修業をして、今は二ツ目になった。

三つ目は、R-1ぐらんぷりの決勝に残ったこと。とむにとって大きなチャンスはこの三つだった。

そうした意味で、自分は運が良いと思う。そうとむがいうと、「運なんか、無限やで」と、笑福亭鶴瓶師匠が、とむにいう。「その油田を掘り当てるかどうかやで」と。世の中には、何も努力をしなくても、すぐに油田を掘り当ててしまう人もいるが、その油田をどう使うかでも変ってくるだろう。とむはそう思う。自分が売れるということだけではなく、それほどではない現在においても、とむは、他の落語家の仲間のことを考える。自分が落語界で生かしてもらっていて、もしも、何か仕事がある場合も、全部、自分がやるのではなく、なるべく他の人と一緒にやって、何かしらの広がりを持たせる。それでもちろん自分の勉強もできる。とむは何かにつけて常に必死だ。そのことが余裕のなさになったりもすることも、とむは自分自身で分かっている。

好楽一門のなかで、弟弟子をはじめ、下の人に一番厳しいのは、とむだ。「むちゃくちゃ、下に厳しい」と、とむは自認する。それは、お笑いの時代に、先輩たちが、とむに厳しかったことによる。そうした世界で、とむはずっと生きてきたからだ。そのことは当然だと思っていた。

「ぼくは、お笑いのルールでやっている」

とむは、よくそういう。それが落語界とはどう違うのか、とむには分からない。どうして違うのかもよく分からない。落語家は、先輩に突っ込んではいけないみたいなところがある。それとは逆に、お笑いでは、「何で今のぼけを突っ込まないんだ」とか。落語家は、「ははは」と笑うだけだ。「お前は逃げているだけだからな。突っ込むというのは、勇気なんだ」といったことがある。師匠に突っ込むということは、落語家は絶対にやらないことのひとつだ。

落語家はだから、嫌いなんだ、ととむは今の自分が落語家だということを分かっていながらいう。云々《うんぬん》。

「だから、ぼくは破壊しました。うちの師匠がすべっていて、それをみんなはつっこまなかったんですよ。すごい違和感で。この人、こんなに売れていて、笑点にも出ていて、どうして、みんなはいわないいんだろう」と。「そういうところは、全然違います」

それでR‐1ぐらんぷりのときも、ネタの「都々逸親子《どどいつ》」で、師匠をいじった。何となく、パンドラの箱を開けてしまったのか。気付いたら、好楽師匠は「滑りキャラ」になっていた。

好楽師匠があるとき、酔っ払って、ある人に「このコにぼろっかすにいわれた。そしたら、仕事が増えた」と、とむのことを話していた。そのことを受け入れてくれるのもありがたい。これは、とむが実の親父からいわれるが「これはお前からはいうな。それはお前がいっちゃあいけない」と、いわれた。

それはそうなんだけどと、とむは思う。落語家の場合、お弟子さんが売れて、同じように、師匠が売れるというケースもあり、師匠も喜ぶということがある。

「ぼくの場合は、ぼくが売れたわけじゃないんですけど。それは遠慮というよりも、自分を守っているだけだと思う」

落語家の世界では、師匠に破門されると、それで終わる。二〇一二(平成二四)年のことだ。あるテレビ局番組で、好楽師匠のことをネタにしたいと打ち合わせで、好楽一門が喫茶店に呼ばれた。そこで、弟子のひとりひとりが師匠についてのあんな話、こんな話をするのだが、だれも師匠のことをいわない。

テレビ側としては、師匠に対しての密告、笑える弟子からのクレームを期待して、お弟子さんを呼んでいた。

とむがいう。「師匠のことをだれひとりいわない。テレビは、それを期待しているのに。ぼくは、それまでノートにいろいろと書いていた、あれやこれや師匠のことをいった」

結局師匠に対しての「お弟子さんからのクレームを集める」「密告」など、スタッフに喫茶店に呼ばれて、訊かれたが、とむ以外の他の弟子は誰も答えなかった。

「ぼくとしては、逆にびっくりした」

「何で喋らないんだろう」と、とむは思った。

「何のために、呼ばれているか分かる?」と、とむは弟弟子に話した。とむとしてはとても歯痒《はがゆ》かった。

それがあって「師匠に捧げるバラード」を作った。そのための曲は知り合いのミュージシャンに作ってもらった。

海援隊の「母に捧げるバラード」のオマージュでやった。なかで、台詞《せりふ》っぽくやっていくというネタがある。それが「笑点」特大号でもオンエアされた。

好楽師匠は、最初の頃から自分のことは「好きにいえばいい」と、いっていた。とむは入門してから、好楽師匠とのことすべてをノートにメモしていた。番組のスタッフには、取材の際にそのメモを見ながら説明した。実際には、オンエア的には、いまひとつかふたつだった。

それでも、そのことが知られて、それから師匠のことをいうようになった。そこでは単に悪口をいうのではなく「師匠がかわいく見えるようなことをいう」と、とむは話す。

「何なの、ノートにそんなことを書いていたの」と、好楽師匠のおかみさんも驚いた。

好きにいえばいい、と好楽師匠は周囲にいい、それで最終的には、悪口ではなく、師匠がかわいく見えるようにいう。そうでないと、受けないことも、とむには分かっている。好楽師匠もそれを期待している。好楽一門で師匠のことを笑いのネタにするのは、とむが初めてだった。

「師匠がすべったときに、なんでみんながいわないいんだろう」

R-1ぐらんぷりで、「都々逸親子」をもじって、師匠のことをいじった。いじるというのは、話題に、笑いにするということだ。ある落語会でも、好楽師匠が「この子にぼろっかすにいわれて……」と、高座で笑った。そうはいいながらも、好楽師匠もとても嬉しそうだった。

「リアルな数字ですみません」と、あるとき、とむの電話が鳴り、相手に今度の落語会のギャラについての数字をいった。電話を終えて、そういう。その金額というのが、今の自分の価値であり、値段だ。今の自分を見せることと現在の自分の価値を素直に見せてくれた。

「ぼくはいえる。全然、ぼくはいえます。お笑いのときから、いえるほうでしたけど。ひとりでやるようになってからも。全然、平気です」

とむは、自分のお金に関しては、とてもシビアだ。それは当然のことでもある。

2　落語家入門まで

三遊亭とむは十五歳のときから、お笑いの世界にいる。高校に通いながら、週に一度だけ授業を早退しては、名古屋に通って、名古屋吉本で、お笑いを学んだ。そのころ、雑誌「ミスター・ヤングマガジン」でグランプリとなった。藝能プロダクションのオーディションを受けて、所属した。そのころから、とむは一発藝が売り物だった。道具を使ったシャレだった。

半ズボン姿で登場して、お玉とゲタを組み合わせて「おったまげた」をはじめ、炊飯器の電子ジャーを五台繋《つな》げて、「ゴレンジャー」とか、小道具を出して、ダジャレで、次から次と覆《おお》いかぶせるように笑わせる。そうした小道具の費用はばかにならない。小道具で、宇宙服まで買った。一時期は売れてテレビに出ていたが、その後、そうした小道具の代金や倉庫代が借金となって、重くのしかかることになった。

お笑いの末高斗夢の時代の斗夢は、高校に通いながら、藝能活動を続けていた。大学には、そうした一発藝の一藝入試の枠で合格した。売れていたこともあり、大学は二年で中退した。確かに売れた時期もあった。そのころは朝の情報番組にもレギュラーで出演していた。同じ事務所には、さらに売れていたタレントのベッキーがいた。大学も同じだった。しかし、とむは、大学に行く時間がなかった。

大学の先生は、ともに「ベッキーはあんなに売れているのに、きちんと大学には来ているよ。君みたいな、あまり知られていない藝人なのに、それで大学には来ないでどうなってるの」といった。それには理由があった。事務所がさらに売れているベッキーには、時間的な配慮をしていた。ともは、ただ入ってくる仕事を入れていたので、大学に通うのは難しかった。しかも、売れているとはいっても、急な仕事も多く、大学よりも仕事を優先しなければ、次の仕事は来ないことも分かっていた。

あるとき、ドラマのオファーがきた。それを受けたわずか一時間後に、今度は、朝の情報番組のオファーがきた。お天気コーナーだった。先にドラマが決まっていたので、情報番組のほうは三カ月待ってくれということになった。その三カ月の間、事務所の社長は、新人をそこに入れたいということになった。それがその後、売り出すことになる、双子のお笑いコンビのザ・たっちだった。その番組に出たことで、急に売れ出した。事務所の後輩だったザ・たっちが逆転して、いつの間にか売れていくのをともは、自宅のテレビで見ることになった。今度は、その立場が変った。

自分で自分を追い込むために、それまで家賃六万円の中野のアパートから、家賃二十万円の浜松町の高級マンションの部屋に引っ越した。そうすることで、自分は藝能人なのだといい聞かせた。ひとり暮らしだから、それほどの部屋数もいらない。

悪いときには、悪いことが重なるもので、レギュラー番組も終わることになった。今度は、仕事がなく、仕事に呼ばれるのを待つだけの生活になった。あるのは一週間に一度のラジオでの十五分間の仕事だけだった。そのために、家賃も払うことができなくなり、引っ越しをした。生活のために、アルバイトもするようになった。

そうしたときにとむが出会ったのが、落語だった。立川志の輔の「紺屋高尾」だった。「こんな世界があるんだ」と、落語を知って目を見開かされた。

落語の何がすごいか。ひとりだけで、一時間を飽きさせずにもたせて、さらにそのなかで、笑わせるだけでなく、泣かせる。喜怒哀楽のすべてがそのなかにあった。自分のお笑いの時間なんかそれに比べたら、ほんのわずかだ。落語の世界に初めて触れた。そして、お客さんが、客席から立ち上がれないくらいに、感動させる。それがきっかけで、落語を勉強してみようと思った。それまで、何をすればいいのか、自分の気持ちのなかで焦りだけがあった。もうひとつは、お笑いの人たちが、落語家に噺を習って、披露することが流行っていた。それも意識した。

落語を勉強してみようとは思ったが、とむはこれまで知り合った人を思い浮かべてみても、落語家の知り合いは、春風亭小朝師匠だけだった。小朝師はR-1ぐらんぷりで、審査員をしていた。その関係で、とむに声をかけてくれていた。「落語をやりたかったら、声をかけなさい」といわれていたことも、そういえばと思いだした。落語会の予定を調べて、小朝師が仙台で会をやることを知り、そのために出かけた。

東京以外の場所だったら、小朝師匠も会ってくれるだろうという計算があった。深夜高速バスで仙台に出かけた。仕事がなくなっていたので、お金はなかったが、時間だけはたっぷりとあった。

落語会の一部と二部の間に、小朝師を楽屋に訪ねた。

「元気だったかい？」

小朝師は、いつもの優しい声で、とむに話しかけた。

「はいっ」

とむは、緊張して答えた。

「最近は、あまりテレビで見かけなくなったね」

「はいっ。苦労しています」

「それはそうと、何で仙台なんかにいるの」

「はいっ。仕事で来てまして」と、とむはとっさに嘘をいった。小朝師に会うためだけに、夜行バスで来たことは伏せた。

「師匠、ぼく、落語をやりたいんです」

「落語で何が好きなの」

「紺屋高尾です」

とむは、落語といえば、それしか知らなかった。しかも、聞いたのは、志の輔師の「紺屋高尾」だけだった。

小朝師が紹介してくれたのは、いなせ家半七だった。教えて貰った噺は「一文笛」だった。自分から、落語を勉強したいといったにもかかわらず、「できない」と、思った。そこでの葛藤《かっとう》を克服して、自身で「やらないといけない」と、思い、さらに先に進んだ。とりあえず、というようにサゲまで覚えて、いなせ家半七師匠に、あげて貰った。

落語家が稽古《けいこ》をつけてもらった師匠に対して、「よそでやっていいよ」という一応の許可を貰うことを「あげる」という。その許可がなければ、高座にかけたり、他でやってはいけないしきたりになっている。そのときは「いいよ」と許可を貰った。落語家ではなかったことからのお情けだった。それでもそこまで一年かかっていた。それから先のことは何も考えていなかった。それでも、小朝師に、落語について、「一文笛を覚えたことで、少し自信が付いた」と話した。

小朝師は、今度は、それならもう落語家になってしまったら、と勧めた。これから先、どうしていいか分からない若者にひとつの道を示した。その頃のとむは噺をひとつ覚えただけで、まだあまり落語も聞いたことがなく、落語家の世界もよく分からなかった。

小朝師が考えていたのは、三遊亭好楽師匠のところだった。決心が揺らぐ前に、すぐに決めるかのように、小朝師は、好楽の息子の三遊亭王楽に話をして、好楽師匠に、とむの弟子入りを決めてしまった。

「末高斗夢って知ってるかなあ。落語家になりたいらしいんだけど、お父さんのところはどうかな」

こうして、とむは好楽師匠に弟子入りすることになった。

3　前座時代

三遊亭とむは、本名、末高斗夢。お笑いの世界にいたときには、この本名を使っていた。とむの前座名は「三遊亭こうもり」だった。師匠の三遊亭好楽が付けた。当然、その名前には理由がある。好楽の弟子の名前は、好楽師匠の「好」という字が付くのが一般的だ。だから、「こうもり」でも良い。だけど、どこか不自然な感じがするのは、なぜだろうか。名は体を表す、とよくいう。「こうもり」でも、好楽師匠の弟子だから、「こう」を使っていて、問題はない。

とむの周囲では、「お前はお笑い出身で、落語とどっち付かずだから」といわれたりした。また「夜遊びばかりしているからだ」ともからかわれたりした。好楽本人は、森進一の「おふくろさん」からとったと説明していた。「世の中の傘になれよと教えてくれた」という歌詞の、傘とこうもり傘がかかっているという分かったような分からない説明だった。とむにはどちらでも良かった。

ずっと本名で藝能活動をしていたから、「三遊亭こうもり」という名前が新鮮だった。ただ自身では「蝙蝠《こうもり》」のように、どっち付かずで、あっちに行ったり、こっちに行ったりと、ふらふらしているとも感じていた。自分では、落語家として頑張《がんば》るつもりだったが、どこかでまだ、お笑いの尻尾《しっぽ》を引きずっていて、やはりどっち付かずの「蝙蝠」だったのかもしれないと思っていた。

名前は、人を作るといわれる。名前が変ると、自分のなかでも内面が変ってくる。

「こうもりはこうもりでしたよ。本当に、蝙蝠みたいな生活をしていたし。とむになって、お笑いのところに、戻った。師匠に、真打ちになるときに、名前、何がいいと、いわれたら、たぶん、これどうですかというのは、ぼくは、元に戻ろうと思っていて、三遊亭末高斗夢。そうしたら、面白いかなと。師匠が別の名前をいってきたら、それを受け入れようと、思う。そんな人はいないから、ちょうどいいかなと。ちょっとずつ戻ってまいりました、といったら、面白いかなと。三遊亭好順とかだったら、お断りする」

健康食品の商品名をいって笑いにした。

とむは、名前の字画も詳しく調べている。が、三遊亭末高斗夢だと、漢字が多すぎて、字画判断がうまくできないという。

「末高斗夢が落語家になって、真打ちになって、三遊亭を貰って、帰ってきたというのは、おもしれえなあと。中途半端といわれれば、そうかもしれないけど。もともと中途半端だから、いいんじゃない」

二つ目になったときに、三遊亭とむとなったのは、好楽師匠からのすすめだった。その名前になって、とむは、とむに戻れるとすごく嬉しかった。とはいっても、今思うと、こうもりでもよかったかなというところもあった。こうもりでR-1ぐらんぷりにもいっているから、周りの人たちのなかには、まだ「こうもり」だと思っている人もけっこういる。とむに変って、お笑いのほうに行ったのではないかという思いもあり、「だから、名前は大事ですね」と、とむはいう。名前は大事だというのは、落語家になって、こうもりの名前を貰《もら》ったときにもとむは思った。人の名前って、簡単に変えられないんだと。

「改名した藝能人って、みんな戻すじゃないですか。それだけ、最初の名前が強いんですね。名前って、大事ですからね」

一門の人の名前も気になり、真打ちになるときにそうした名前でいくのかとか、とむは調べた。

「名前はあとからついてくるっていいますけど、名前は大事ですよ。本名は、はしごだか(髙)なんですよ。自分で書くときには、普通に、自分でも口のほうを書いていたんですけど、ある占い師の人の話で、はしごだか(髙)にしたほうがいいと、だから、髙にしたけど、当時は、パソコンも文字化けしちゃって。今じゃあ、髙田で、出てくる。はしごだか(髙)のほうが新しいんですよね」

とむは、ほら、こっちのほうがいいんですよと、スマホで検索したものを示す。

「うちの子も、伊勢神宮の宮司さんにお願いした。だから字画も良い。びっくりしたのが、家族のなかで一番良いのが、うちの嫁なんですよ。末高になって一番良かった。びっくりした。笑っちゃいましたもん。全部、大吉なんです。こんな人いないですよ。何の気なしに、見たら、これ最高じゃねえか。良い名前ネットの一番だと思いますよ」

名前でいえば、作家、夏目漱石は、本名、夏目錦之助ということはよく知られている。

漱石は庚申《こうしん》の日の生まれで、そのため昔からこの日に生まれた子は大泥棒になるというジンクスがあり、それを避けるためには、名前に金偏の文字を入れるのが良いとされていた。

漱石は、子供の名前について、留学先のイギリスから妻への手紙のなかで「子供の名前丈《だけ》でも金持然としたければ夏目富《トム》がよかろう。但《ただ》し親が錦之助でも此通り貧乏だからあたらない事は受合だ」と書き記している。

4　二ツ目時代

これまで何度も落語家を辞めようと思った。三遊亭とむはいつもそのことをいう。お笑いの世界で、一度は売れたが、その後、まったく売れなくなった。そのときに、将来のことを考えて落語家に転身した。落語家になったものの、厳しい世界に辞めようと思ったことはたびたびあった。今でも、そのときのことを考えることがある。

とむは、売れたいと思う。とむはそのために努力も続けている。落語家のなかには、売れる売れないは関係なく、ただ寄席に出ることができればいいという人もいる。寄席の雰囲気が好きなのだ。前座にとっては寄席は厳しい修業の場だが、それを卒業すると、今度は、ほんわかと温かく、誰からも何を言われるでもなく、自分の好きなことをやっていられる空間になる。なかには、落語会のあとの打ち上げで酒を飲むのが好きで、それが目的で落語家をやっているという人もいる。そういうように、望みもなく、ただふわふわと生きていることが好きなのだ。昔ながらの噺家と呼ばれるような落語家がいていい。みんながみんな厳しい競争をして売れなくて良い。昔ながらの自由人である落語家という職業を楽しんでいればいい。

誰からも文句を言われない、本当に自由な職業だ。

「ぼくは全然、考え方が違うので。みんな頑張っているし、そういうふうに思っている人もいる。（落語家の）この村のなかでは有名人でも、世間的には、落語家というのは、まったく知られていない。一部の人が知っているだけ。そこが変っていかないと駄目だ」と、とむはいう。

とむはお笑いの世界と落語家も世界、両方の世界を知っている。だから、冷静に落語の世界もそして、自分のことも見ていた。


あるとき、とむは、持っていたバッグから数冊のノートを取り出した。同じ表紙の赤いノートだった。それはとむの日記帳だった。とむは、二〇一一（平成二三）年九月に、落語家になってから、日記を毎日付けている。

「今のものは、日記ではなく、メモですね。面白いことがあったときとかに。何もなくても、何かを書くんですね。落語家になってすぐのときには、きちんと文章を書いている。こんなに書いている。それだけ、書くことがあったんです。今とは全然違うんです。思うことがあった。こっちのほうが、辛かったけど、充実しているんですよ。毎日が濃い。最近で、ちゃんと書いているのは、『いだてん』が厭だったとき。いろんなことを書いていた。辞めたいとか。厭なこと、辛いことも一杯あったし、以前のほうが、何かを変えてやるというパワーがありますね。一喜一憂している。

今は、それが薄くなっている。だから、危ないなあと。だから、厳しいほうに自分を追い込んでいかないといけない。選択肢《せんたくし》があったら、厳しいほうに行かないと怖いなあと。今の日記は、本当に箇条書《かじょうが》きにしているだけ」

とむは毎日の日記を書くことで、自分を冷静に見つめるだけではない。先日、久しぶりに、とむはこれまで書いていた日記を読み返した。

「すごいなあと思って。最近の自分が凝《こ》り固《かた》まっているということを外部の人からいわれて、そのことが気になった。それで、日記を取り出してみた。そうしたら、すごくいろいろなことを書いているし、ここにすごく辛いことを、書くことで解消したのだろう。いろいろと書いている。今と違うのは、特に一日あったことが鮮明なのだろう。ぼけっとしていない」

当時、とむは、日記は寝る前に書いていた。今はまとめて書いている。こうして日記を書き続けていたおかげで、ああ、あんなことがあった、こんなことがあったなあと、いろいろと思い出すことができる。今、当時の日記のどこを見ても、好楽師匠は優しいということを書いている。好楽師匠は優しいから、好楽師匠は好きだから、好楽師匠の所を離れられない、とノートには書いていた。

「すごくうちの師匠に甘えているんですね。すごく守ってもらっていますね。信じて。だから、すごく成功していかないといけないと思う。なかなか成功しないし、難しいんですよね。だから、頑張んないといけない」と、とむは日記を見ながら思う。

新作落語の作り方について、とむは、「コントもそうだが、設定だと思う。面白い設定だったら、勝手に、ボケも思いつくし。設定から作っていく。もしも、こんなことがこうだったら、そうしたら、こんなことが起こるんじゃないか、そして、オチをどうするか。基本はお笑いですけど、落語のフォーマットは落語にあっているから。そこは郷にいれば郷に従えで、あとは、ぼくは落語のことはよくわからないから。兄弟子たちに無理やり見せて、どうやったら、落語風になるかというのを聞く。ぼくは、落語のことが分からないから」と、話した。

とむは落語に対して、変なプライドは持っていない。自分は落語のことを知らない。だから、兄弟子でも、弟弟子にでも、疑問に思ったら、直接聞く。お笑いに対しては、プライドはあるが、落語に対してではないといい切る。とむにとって、もともと落語の世界はまったく知らない世界だからだ。誰の前でも「知りません」といえる。だから教えてもらう。後輩にも「教えてくれ」といえる。みんなが親切に教えてくれる。

そういうところが、お笑いの人たちより、落語家のほうが優しいととむはいう。

「お笑いは、教えるものじゃないですからね。ネタのことはいわない。『まあまあ、いいんじゃない』と、いわれる」

そちらのほうがドライといえば、ドライな関係だ。お笑いと落語は、やはり世界が違うのかもしれない。似ているが、まったく違う世界なのだろう。実際には近いようでいてそこはかなり距離のある遠さなのかもしれない。落語の世界に入ってきたことで、とむは自分しかできないピンネタを作ろうと思うようになった。

落語家のなかには、古典一筋という人、新作一筋という人。さらには、その両方という人もいる。よくいわれるのは、古典も昔は新作だったということ。しかし、実際にはそういうことではなく、本人のバランスの問題だ。とむは、自分で新作を作る。最初は、実体験から新作落語を作っていた。そういうのだけでは駄目だとおもっていた。古典落語のフォーマットから現代落語を作りたいというようなことが増えてきた。こんなのを作りたいというのがあって、実際に作り始める。

新作落語を作るにしても、設定を江戸時代に置いたほうが、落語の世界では楽ではないかととむに訊いた。

「古典落語は、三百年ブラッシュアップしてきたものですから。ぼくは、新作落語を古典になって欲しいなんて、これっぽっちも思っていない。自分がお笑いのときに、どれだけ良い環境で出ていたかとか。今の自分の位置っていうのは、そんなもんなんだとか。嫁にまっとうなことをいわれたし、本当に辛かったし、怒っていたし、でも、みんなが笑うから、ぼくは、お笑い藝人ですから、みんなが笑ったら、勝ちですし、ぼくのなかでは、笑いがすべてですから。本当のことをいうと、ドラマとか出たいし、やっぱり、結局、ぼくはお笑いが好きなので、実は、お笑いが好きですね、好きなものには、夢中。最初の頃、辛いことやいろいろなことをいわれているが、ぼく自身が、甘かったりもしているし、結局、お笑いの人に久々で会って、連絡をとって、励まされたり、応援されたりすることによって、何かそれが勇気になって、落語家として踏みとどまっていられた。売れても、落語家。もちろんです」

とむは、自分のことを「一発屋」とはいわない。

《一発屋藝人　かつて藝能界で一度は売れたが、その後、名前を聞かなくなった藝人。その後も、自身を一発屋藝人と呼んで、さらに生き残るしぶとい藝人もいる。》

一度成功した人たち、もう一回、改めて見ていくと、何かのキャラクターになっていたり、そこにフレーズがあって、という人が多い。お笑い好きのとむが、そのとき、旬のお笑いの人の名前を挙げたのが、しゅんしゅんクリニックPだった。

「お笑いタレントのしゅんしゅんクリニックP、医者なんですよ。よしもとで、ダンスしながら医者のあるあるをいう。医者なあ、オレは何かあるか、と、ああ、オレは落語家だと思って。まずは、タネ作りからで、落語家のあるあるをきのうの夜から二十個くらい考えたんで、ここで見せてみようかなと。絶対に自分で受けると思っているし、ぼくは常に自分が見いだしたものは面白いと思ってやっている」

とむ自身にはお笑いに対する絶対の嗅覚があると自分でも自信を持っていることが分かる。お笑いの人たちを見ることで、刺激を受けて、自分自身を高める。

「番組のアンケートでも、二十年もやっていると分かる。この人は、ぼくに対して、何の情報もないし、取れ高が欲しいから、これだけアンケートで質問されているというのも分かるし、『これ、作家が手を抜いている』と分かるし。こっちに書かせるだけ書かして、『楽な商売だな』と思っちゃうわけですよ。でもなあ、一応書いとくかと。そういう作家に限って、うまくいくと、『うまくいきましたね』といい、うまくいかなかったときには、『うまくいかないと思っていたんですよ』というから、そういうことって、もう、敏感に、分かるから、長いことやっているから、そういうときに、手を抜かずにちゃんとやるほうがいいんですけど、成功している人たちは、そういうところをちゃんとやっていると思う。藝能界で残っている人は、そこでも腹をぐっと抑えて、丁寧《ていねい》にやったり、ぼくみたいに、中途半端だったら、手を抜いたりするけど、自分自身との戦いでもある。変えた方が良いかなとか、どこでどうつながるか分からないから。何か難しいですけどね。そういうところこそ、手を抜いたらいけないというのも分かるんですけどね。全部、やるのはいいんです。丁寧に。たとえば、あまり落語には興味のないような作家さんだと、台本に全部のっけたりするから。いきなり、ラジオで、『お得意のネタ三連発、お願いします』。何だ、お得意のネタって。いらっとした。落語家にこれいうのはおかしいし。続いて『新ネタ三連発お願いします』。何で六連発もやらないといけないんだよというところから始まって。それから四枚にわたって、質問がきている。『一発目、謎かけでお願いします』」と云々《うんぬん》。

とむは思う。この人には落語家というイメージは何もないんだろうなあ、と。

「新ネタを三連発」というところで、この人はたいしたことはないと思ってしまう。

「とりあえず、ぼくに対しての情報がなくて、書かせておけばいいだろうという匂いがぷんぷんしているので、厭だなあと思う。こういう人に限って、番組中に、広がらない所だけ広げてこようとするんで。だからぼくも、そうした対応をする。本当は、向こうがリサーチして、ある程度台本を作って、こんな質問をするのも失礼だし、三十分番組なんて、トークで持たせられる。でも向こうは不安なわけですよ、知らない奴だし。それって、ぼくのことを考えているのではなく、自分のことをミスりたくない、保身がぼくを稼働させているわけだから。会ったことのない、その作家さんですけど、本当に信じてくれている人は、リクエストを訊くだけで終りなので、そのぶん、結果を出さないといけないいんですけど」

もちろん、これだけ厳しいことをいうのだから当然、とむには、それなりの自信もある。これまでのとむ自身の経験がそうさせる。結局、番組で結果を出すと、「さすがですね」といわれるのも目に見えている。本当なら、こういうところでも、力を抜かずにきちんと書いたほうがいいのだろう、と分かっている。自分は、今はそこまでは丁寧《ていねい》にやってられないと思う。こうしたアンケートには、マネージャーが書いていても、藝人はだいたいそうだが、最後は自分でチェックしないと気が済まない。とむもそうで、人にそこはまかせられない。難しいところだ。

とむは、メディアには出たいと思うが、メディアに媚《こ》びるのは、時代錯誤のような気がしている。向こうから、お願いしますといってもらえるようにしないといけないのだろうと思う。

「テレビ番組のスタッフも、まだ井の中の蛙というか、テレビが偉いもの、ぼくもそう思っていますけど、もう実は、時代はユーチューブになっていっているし、時代錯誤の番組をたまに目にするんですけど、『SNSでリツイートが多ければ、番組に出演できます』みたいな、テレビが上だみたいな企画なんですが、いやいや、もう時代が違うから」と、とむはいう。

今の時代、何か流行《はや》るものを伝えるのは、テレビが一番最後で、立場的には、実際には、ユーチューブのほうが上だと、とむはいう。

「本当は、変換期で、ぼくは、ユーチューブをやっているわけでもないし、SNSをやっているわけではないので、第一人者には、勝てない。だから、生で見せる舞台藝を大事にしないといけなくて、そこで確固たるものを作りながら、もちろんメディアにも出ていかないといけない。吉幾三さんの『ともこ』が、流れて、これを師匠にささげるバラードにすればいいんじゃないかとか、新しいものに、チャレンジしたい。曲を変える。絶対に合うなと思って。深夜に、無理矢理に電話して、そのために、ギターも覚えようかと思ったけど、嫁に絶対できないから、やめたほうがいいといわれた。また、三日坊主で駄目だから、やめたほうがいいと。ぼくは、やりたくないことをやれないから。社会不適合者というか、やりたいことしかやれないから。いかに、自分でモチベーションを作るかなんですね」云々《うんぬん》。

とむは、自身の性格をよく分かっている。本当にやりたくないと思うと、朝も起きることができない。だから、他の職業を考えると、自分は藝人以外できないと思う。

とむを見た人がよくいう。「営業マンだったら、すごいんじゃない」と。「サラリーマンだったら」といわれるが、自身では、絶対にできないという。第一、同じ場所に行けないし、厭だったら逃げてしまうことが自分でも分かっている。

それを考えたら、何よりも、良い仕事を考えたものだ。自身では、お笑いよりも落語家のほうが、性に合っているとも思う。

落語家になって、自分が変ったところはあるのかと訊いた。

「やっぱり自信じゃないですか。自分のなかで、舞台が怖くなくなったというか。藝歴を重ねてきたこともあるかもしれない。舞台の上で、普通にしていられるようになった。それでも緊張はする。そういうときは、今までやってきたことしかでないことも(自分では)知っている」

とむは、自分で稽古が嫌いだから、全然、稽古をしない。とはいっても、落語家だ。落語の稽古をしないと、上達はしない。今、とむは、一日に一つ、これまで覚えた落語を思いだすように、覚えているかどうかをチェックしようと思っていた。

その日もバスのなかで、「時そば」のチェックをやっていたが、その途中で電話がかかってきて、噺のことはそのままにしていた。覚えたのは覚えたが、今ではほとんどきちんとはできない。そうかといって、逆に好きなことは熱心にやる。普通、落語家は寄席では、前に出たネタをチェックして、それで自分のネタを決めるが、とむは、そのときに自分のやりたいネタがあり、それを繰返していた。両国寄席でも、とむは今年になってからは「『ん』の無い女」しかやっていない。

「その上、平気な顔をしてやるし」と、とむは自分のことを笑う。すごいわがままだと、とむは自分でも思う。落語の風は、他の人がふかせば良いと思っている。そのことは自分のつとめではない。それでいて、前座には「あの落語はおかしいだろう」と平気でいう。自分でもそのことは分かっている。

「ああいうのを一発目にやったら、後半、やりにくいだろう」と、とむは自分のことを思う。

とむは、自分のことを「超理不尽ですよ」という。自分はやれないのに、弟子たちには、厳しい要求をする。「ぼくはひどいですよ、前座のときに、いきなり開口一番で『持参金』とかやっていたし。『堪忍袋』を改作して『こうもり袋』とかやったりとか。全然、気にもしていなかった。それをやりたいから、毎回やっていた」

寄席は、落語家のチームプレーだとよく教え込まれる。寄席というのは、チームワークだと教えられる。基本、そうだとは思う。そのことをとむは、好きではない。それを言い訳にしている人が多いから、実際には厭なのだ。

「そこでは、きちんと、自分たちが、それぞれの使命を持ってやるならいいが、そういう人に限って、バントを失敗していたりとか、結果的に、振ろうとして、当たらなかったから、『バントしたんです』みたいな。いやいや、振ろうとしてたじゃん、みたいな。『厭、これ、流れだから』。厭、違う。ただ、受けなかっただけじゃん」と思ってしまう。だから、あまり好きではないと、とむはいう。

とむは、自分と同じようなタイプの落語家を入門してからずっと見たことがない。自分がこれまでに見てきた落語の世界には、いない落語家だということが分かる。自分は、そういう意味では、本当の落語家ではないのだろうと、とむは自分自身でそう思う。

第三章　挑戦

1　落語の「ら」

「ぼくがR-1ぐらんぷりに挑戦しているのは、まだ誰も三分間で落語をやらないから。みんな『三分じゃ無理だよ』とかいっているから」と、三遊亭とむはその挑戦についていう。

「そこは逆に、ぼくが唯一無二で、もう一回、R-1ぐらんぷりの決勝に出るように、そして優勝したい。ぼくは、全然チャンスがあると思っていて、何とかやっていきたい」

とむはその年、予選三回戦で、会場のお客さんに受けたのに、落とされた。予選会場には一般のお客さんが、入場料を払って見に来ている。実際に、とむは「まじかぁ」と、落ちたときに思った。R-1ぐらんぷりの予選会場ではあんなに受けていたのに、落とされるのかと。出場した周りの藝人たちからも、「あんなにウケていたのに」と、そのことに驚かれた。会場でのウケと合否は関係ないらしい。

とむは自身で、どうして落ちたかを分析すると、その年に自分がやったのは、結局、ただの漫談で、落語ではなく、噺でもなく、落語家がやるものではないということに尽きた。その年のR−1ぐらんぷりは、お笑いタレントで、漫談家の濱田祐太朗が優勝し、十六代王者となった。

翌年は、自分の作った新作落語が自分の納得する、いいものができたので、それを三分間の長さにして、勝負することに決めた。R−1ぐらんぷりでの落語家としての受け方も分かってきた気がしていた。ぽんと出て、勢いで決勝まで残ったときは、何も分からなかった。それからずっとR−1ぐらんぷりで決勝まで残るにはどうすれば良いのか、もがき苦しんでいた。去年、一昨年くらいからは、「落語会で受けるものは、やはり受けるんだ。どこでも同じなんだ」ということに気付いた。R−1ぐらんぷりに残ることはわかりやすい結果だ。だから、必ず結果を出すと、とむは自身にいい聞かせた。

毎年、R−1ぐらんぷりの予選会は一月二月にあることが決まっている。前年はR−1ぐらんぷりでアキラ100パーセントが、その年は濱田祐太朗だった。その流れを見て、とむは「そろそろ落語がきてもいいのではないか」と思う。どうしてそれほどまでに苦労して、落語で勝負するのかと尋ねると、「落語のRを取り返しに来ました」というと、格好いいからと、とむは笑った。

R−1ぐらんぷりの「R」は、もともと落語のRだったということをとむは知っているから、そうしたコメントをするのだが、もう一般の人は、「R」の意味など知らないから、分からないだろう。R-1ぐらんぷりは、一人藝で誰が一番面白いかを競う。タイトルのRは、当初は、落語を意味していた。そのこともあり、第一回は、座布団の上での漫談だったが、その後、落語に限らずに、面白い一人藝となった。コンビ、グループの所属活動に限らずに、個人で参加できる大会だ。

「落語をちゃんとやってないし、出場する落語家もほとんどいない。落語家はみんな諦めている。R-1ぐらんぷりは、たしかに、落語には優しくはないかもしれない。大人になって、こんなにどきどきすることはない。それが良い人生だと思っているので。確かに、落ちたときには辛い。そういうときこそ、人間くさかったりする。だからこそ、成功したときに、喜んでくれる。みんな、見てくれている。藝能界にハイエナのようにいるのだ。『あいつはやっているな』と」云々。

そう、とむはいう。だから、毎年、こつこつと挑戦を続けている。とむのなかで、R-1ぐらんぷりの存在はそれほど大きなものだった。

R-1ぐらんぷりには、とむは第一回から参加している。だから思い入れもある。お笑いのときには四年連続で準決勝でのあと一歩での敗退だった。いくら努力しても、どうしても、もう少しのところで、手が届かずに、決勝には進めなかった。それが、落語家になって、二〇一三(平成二五)年に出たときに、初めて決勝に残った。そのときに「ああ、この道は間違っていなかった。世の中が認めてくださったような気がした」と、とむは少し丁寧《ていねい》な言葉でいった。

そのときに、R-1ぐらんぷりの決勝に残ったことで、好楽師匠も期待してくれていることがとむにはよく分かった。好楽師匠は、いつの時も、どこまでもとむに優しかった。

「師匠は、ぼくにはあえて距離を置いている。一緒に何かをやろうともしない。ただ見守ってくれている感じ」だという。「あの子は好きにやるから」と、好楽師匠が周囲に漏《も》らしているのも、とむにはどこからか聞こえてきた。

お笑いの世界でも、落語家の世界でも、周囲に常に配慮しながら、師匠たち、先輩たちのことを気にしなければいけない。とむが、周囲のことに気を配ることは、お笑いのときに教わったことで、その通りのことをしていて、落語の世界では怒られた。落語家としての礼儀を知らなかったからだ。落語家になって、きちんとした礼儀を覚えた。それまでは、ずっと周囲に怒られ続けた。とむは怒られ続けて、そのうちに、怒るのも愛情だなということに気付いた。相手に興味がなかったら、怒らない。怒るということには、大きなエネルギーがいるからだ。

「そういう意味で、今思えば、正直、ぼくみたいなやり方をしているからこそ、最低限、兄弟子《あにでし》は立てないといけないとか、自分が儲かったものを人に配るとか、そういうふうにしていかないといけない」と、いう。そうしなければ、ものをいう権利がないと思うのだ。なかでも、とむが、弟弟子たちに特に厳しくいうのも、愛情があるかどうかだと自分でも思っている。そこでは、相手の受け取り方ひとつだ。弟弟子たちからは、理不尽だと思われているだろうと、とむはいう。

「みんなには『凄《すご》いな』とか、『真似できないな』というところを見せないといけない。『ちゃんと正解は出しているんだよな』とか。そこは、納得させるものがないと、ただ、嫌《いや》みなことをいっているわけではないと。自分の弟子ではないので。師匠よりは百倍厳しい。弟弟子にとっては、ぼくは、特殊だと思う。お笑いの世界から入ってきているので」と、とむはいう。

好楽師匠は、弟子のひとりひとりを良く見ている。ひとりひとりに対して、違うことをやっているのがとむには見えていた。「この子にはこうしてあげよう」「この子には、こうしてあげよう」とまるで自分の子供のようだととむはいう。それが好楽師匠の人柄なのだろう。それが好楽師匠の人間性なのだろう。

「ぼくはそれこそ、真似できないですね。弟弟子の叱《しか》りかたも、『俺はこうだ』というものだから。ぼくは、落語が好きで入ってきたわけではないので、辛さとか、辞めたいと思う部分も分かる。だから、辞めさせようと思って怒るのではない。辞めないために、どうするかということを考える。落語の世界は、お笑いの世界と違って、お金を最低限、貰えるので、それがどれだけありがたいか。お笑い藝人がライブで千円貰うのがどれだけ大変か。それを肌で感じている。業種は違えど、(落語は)こんなに簡単に十五分という時間を任せて貰えて、それでお金まで貰える。どれだけありがたいことかというのは伝える。それが普通ではないんだということを」

その年のはじめの段階では、まだR-1ぐらんぷりのことしか、とむの頭のなかにはないようだった。平成最後の正月から、とむの頭にあるのは、当然、十月の東京国際フォーラムの落語会のことだけだと思っていた。それが違った。それ以上にR-1ぐらんぷりがとむの頭のなかの大部分を占めていた。

「ずっと片思いしている、一回抱かせてくれた女性みたいな感じで、一回、決勝に行かせてくれたけど、そこからまた相手にしてくれなくて、そこからまた色目を使われて、それで今度は相手にしてくれなくなったのと同じ」というおかしな例えをした。とむの頭のなかに、そのときにあったのは、R-1ぐらんぷりのことだけだった。

「R-1ぐらんぷり中は、R-1ぐらんぷりのことしか考えられない。何でこんなにR-1ぐらんぷりが好きなのか、(自分でも)分からないんですけど。お笑いが好きなんですね。落語家になったからこそで、お笑い藝人のころは、悔しくて、お笑いのネタ番組は見れなかった」

テレビに出ているのも、お笑いの後輩だったり、同期だったり、先輩だったりする。だから、テレビを見ることが出来なかった。それでも落語家になったことにより、お笑いの番組も見ることができるようになった。それは、お笑いの世界から少しだけ距離を置いたからだった。

「お笑いが好きだった中学生のときと同じぐらい、お笑いが好きだ」という。これくらいの熱を落語に持てればいいのになあと、とむは自分でも思う。今でも変わらずに、お笑いに対する熱を持ち続けている。好きだから、今でもお笑いについては、常にチェックしている。だから、だれよりもお笑いの世界の、今については詳しい。

中途半端にするよりも、R-1ぐらんぷりを本当に、今年で最後にしようと思っている。その二分間にかける。もしも、落ちたら、そこで試合終了だ。

二〇二〇(平成三二)年一月から、「今年はお笑いライブに出るぞ」と、力を入れていた。というのも、落語家になって、「体はもうマラソンランナーですから」と、短い時間の短距離ランナーにするための努力を続けている。自分自身を落語家とは違う、短距離走の体に仕上げないといけないと考えている。

「嫁には草野球と呼ばれている」と、とむは笑う。その理由としては、お金にならないし、成果もないし、自己満足だからだ。だから、プロ野球ではなく、草野球といわれている。今回はネタのできがいいので、「うまくいけば、六年ぶりの決勝はある」と、自身では思っている。毎日の高座でも、そのネタを常に、録音して、噺にいろいろな工夫を重ねて、進化させている。どんな高座でも、まず、それを三分間やってから、噺に入る。だから必ず、二部構成にしている。そのネタもR-1ぐらんぷりを前提に作ったものだ。すべてが、R-1ぐらんぷりに向けて動いていた。

二回戦は一月十七日、三回戦が二十四日、二月四日に準々決勝、十五日に準決勝、三月十日が決勝のスケジュールだ。自身の落語のスケジュールは、全くいえないのに、これはだけはいえるとすぐ日程がとむの口から出てくる。だから、スケジュールもあけていて、その予定にすべてを合わせている。

「新作、いいのができた」と、とむは自信を持つ。これまで自分が作った新作のなかでもだ。さらに日々改良も重ねている。そしてどんどんよくなってきている。そのネタの作り方は、まず十分間の落語を作り、それを三分間にする。それはとても難しい作業だ。そこから、さらに改良に改良を重ねる。ネタによって、寄席で受けるものとお笑いのライブで受けるものは違う。

「寄席というのは、凄《すご》く暖かいから。お笑いライブはシビアだ。どんなに良いものだと自分では思っても、ライブでは、はねられる」

落語の高座だとお客さんは温かく笑ってくれる。その差は大きい。それでも本当に面白いものは、どこに行っても、どんなお客さんでも受ける。本当に面白いものは、場所を問わない。とむは、自分のなかでは、今はとても良い流れがきていると思っている。一昨年、昨年とはともに三回戦で落とされている。一昨年のネタは、まくらで受けているネタを三分間にして、やった。会場ではめちゃくちゃ受けたが、R-1ぐらんぷりの三回戦で落とされた。そこで気づいたのは、まくらだけじゃ駄目だということだった。ただの漫談では駄目なんだと分かった。他の出演者の人から、「決勝にいってもおかしくなかった」とか、みんながそういってくれていた。

「ぼくは落語をやらないと駄目なんだな」と、そのことに気づいた。だから去年は落語ネタをやった。「ジャスティン・ビーバー」という新作落語ネタだった。この噺は寄席では受けていた。お笑いのステージと寄席の高座の暖かさとは違って、たいしたロジックではなかった。やはりそれでも三回戦ではねられた。後半しか、受けていなかった。自分でも駄目だなと。諦めもついた。でも、自分の作った落語でも受けるところは受けた。

「ぼくのお笑いの感覚は間違っていないんだ」と。それが去年だった。だから、今年は、そういうものも踏まえて対策に対策を練った。それで今回、臨《のぞ》んでいる。

二〇一三(平成二五)年に決勝に行ったときも、自分は決勝に行くとは思っていなかった。どちらかというと、軽い気持ちでやっていて、勢いで、どんどん上に上がっていくから自分でも「やべえ、やべえ」という感じだった。このネタ、どんどん新しいのを入れないといけない、とか。さあ、二分から三分間に伸ばさなきゃとか、すごい夢中になってやっていた。そうした面では今も同じ状況でもある。

R-1ぐらんぷりは、とむのなかでは、先生でもある。そのときは、落語のまくらのような話をしただけだった。

「落語をやらないと駄目だ」と、自分でも思う。だから、とむは、自分の作った新作について、常に周囲に助言を求める。

「弟弟子にも、意見を聞く。自分は落語に詳しくないので、専門家に聞いたほうが早い。もう人目を気にしていられない。マジなんですよ。めちゃくちゃ参考になりますよ。ぼくが落語の『ら』の字も知らないから。どうしたら、落語っぽくなるかなんて、落語の専門家に聞いたほうが早いじゃないですか。落語、詳しくないから、餅は餅屋に訊いたほうがいいじゃないですか。みんな変な奴だと思っているでしょうけど。他人《ひと》の目なんか気にしていられない。それだけ良い物をつくらないといけない。かまっていられない。そういうふうに自分を追い込んでいかないといけない」

お笑いの人は演者であり、作家だと、とむはいう。落語家は演者であり、演出家だと、とむは分析する。作家は儲けのネタは教えてはくれない。演出家は演出が好きだから、演出を教えてくれる。とむ自身はまだ作家であり、演じるのが好きで、まだまだ演出家にはなれていない、だから弟弟子でも、落語に詳しい人たちから助言を貰うのだ。

「作家業が好きなんです」と、とむは、自分で何かを作るのを楽しみにしている。今回の作品も二分二十秒くらいのところまではこれでいこうと決めている。後半の約三十秒について、入れ替え、入れ替えの作業をやっている。十秒残っている。この十秒で何かをしないといけないという世界なのでという。落語はあまりそうした秒単位ではいわない。テレビの世界だからだ。

「お笑いは、十秒で何かしないといけないという世界だ」という。とむはテレビがどれだけ厳しい世界かということを分かっているから、そこで悩み続けている。寄席がいかに温かくて、優しいかと、常にそうしたことを話す。

落語はマラソン、お笑いは短距離競争だともいう。もちろんマラソンも難しい。短距離だとあらが出ないところをマラソンだと、それがすべて出てしまう。その上でゴールしていかないといけない。その両方を身に付けていかないといけない。そこで今の自分に足りないものは何かをとむは考える。


二〇一三(平成二五)年の決勝のときのことを思い出していた。夢中になってやっていた。その気持ちを今、思い出している。R-1ぐらんぷりは自分にとって、先生でもある、という。お笑いのときには、四年連続で準決勝に行ったが、その翌年、二回戦で落とされた。すごく落ち込んだが、「もうそのネタはいらないよ」と、違うネタを考えなさいといわれたような気がした。R-1ぐらんぷりが、そういうことをとむに教えてくれているのだと考える。とむは、R-1ぐらんぷりが自分の指南役だという。自分を映す鏡でもあるという。R-1ぐらんぷりのRは落語のR。第一回は全員、座布団の上でやった。M-1は漫才、R-1ぐらんぷりは落語ですからという。云々。

「それなら、自分がやろう」と、とむは思う。だから「これが終わるまで、ほかは何も考える気がない」と、とむはいい切る。

今年は、作った新作落語の内容がいいので、これで駄目だったら、もう駄目だろうと思っている。だから、とむは「今年で最後」とも決めている。だから全力を出すことで悔いを残したくない。

「もしも駄目だったとしても、『目が覚めました。本職は落語なので』と、言い訳ができる。しばらくは引きずりますけど、それは仕方がない。もともと落語はマラソンの競技なのに、R-1ぐらんぷりの短距離競走には向いていないんですから。だけど、そこで勝負していける。だから、中途半端では終わりたくない。だからやりきりたい」と、とむはいう。

2　NHK新人落語大賞

若手落語家にとっては目標である、落語界の若手のための大きな賞のひとつにNHKの新人落語大賞がある。R-1ぐらんぷりだけではなく、三遊亭とむはこちらも目標にしている。とむは平成三十年度も駄目だった。これまで、売れている落語家はほとんどがこの賞を手にしている。

《NHK新人落語大賞　東西の二ツ目に対してのNHKの賞。東京では二ツ目の制度があるが、関西では入門十年目までとなっている。新作落語でも、古典落語でもいい。約十分間の制限時間がある。東西で予選会を行う。これはスタジオで行われ、笑い屋さんと呼ばれる、どんなことでも笑うおばさんたちが、座っている。少し変なところで笑うので、落語家はやりにくい。最終選考会は公開で行われる。》

「やはり(桂)三度さんに勝てなくて。三度さんは今年も入っていて、江戸落語は、(三遊亭)わん丈さん、(柳亭)市也兄さん、(春風亭)小辰兄さんといった(所作の)綺麗な人が選ばれていて」とむの新作『ん』のない女」は自分でも大きな手応えがあった。だから、とむは「これはいけるな」と思っていた。周りの人たちも「お世辞も含めて、「凄《すご》かったね」といってくれた。これはチャンスがあるなあと、とむは思っていた。実際には、ふたをあけてみると、今回は、新作は、上方の新作枠に持っていかれた。NHKの新人落語大賞はNHKの人たちも見てくれているのが、とむにはよく分かる。NHKには、これまでお笑いの世界でお世話になった人も多い。

これまで、私自身も何度もNHK新人落語大賞を見てきた。テレビの放送は、決勝大会の六人ほどの若手が出るだけだが、予選は東西の若手二ツ目がほとんど挑戦する。

NHKの渋谷のスタジオで、東京は二日間、朝から夜まで、次から次と高座にあがる。これまで東京の予選を何度も見てきた。というのも、この予選を見ていると、この二日間で、だいたいのほとんどの二ツ目のその実力が分かる。売れている二ツ目は見る機会も多いが、そうでない若手というのは、寄席での出番も少なく、見る機会があまりない。

彼ら、彼女たちを同じ土俵で見ることで、実力が分かる。短い時間だが、逆によく分かる。決勝に残る落語家は、自分は審査員ではないが、分かる。私自身は、最初に出てきた落語家さんを基準の五点にして、全員に点数を付けて見ていた。朝から晩まで、ずっと寒いスタジオのパイプ椅子に座って、決して面白くない落語を聞いているのは、苦痛でもあり、こちらが修行の場であるかのようだった。それが仕事でもなく、好きでなければ、続けられないことだった。

同じ噺が四回も五回も出てくることがあった。不思議な感じだった。同じ噺をかけるのだが、まったく違って聞こえた。そうした比べ方もできた。一堂に集まることで、その年の二ツ目の実力を知るには、一番便利だった。

あるとき、まだNHK新人落語大賞を受賞したことにない落語家さんに、「どうしたら受賞することができるか」という質問を受けたことがあった。

その時には、NHK新人落語大賞には傾向と対策が必要だ、と話した。取りたいのなら、それを講じるべきだと、そうしたら、受賞することができると。

毎年、予選から見ているとそのことが分かってきた。

「頑張っているのを見てくれているので、受け続けるしかない。結果を出して、真打ちになりたい。その意味ではこの賞は分かりやすい。日本人は肩書きが好きだから、選ばれたほうがいい。売れている人はみんな決勝にいっている。今年は、選ばれるだろうと楽しみにしていた。仕方がない」と、とむはいう。

　こうしたことには当然、運もある。また、その運を引き寄せるためにも、不断の努力を続けないといけない。今回、ＮＨＫ新人落語大賞に関しては、とむにはやはりまだ落語の神様が認めてくれなかったようだ。

「ここでとったら、『お前調子に乗ってるぞ』といわれているような気がする。『今年はいけたな』と思っていて、落ちたので、仕方がないと諦《あきら》められた。ちゃんと、ホームランを打ったのに、選ばれなかったという気がした。だから、変に媚《こ》びるよりは、自分の道を貫いて、『出てください』といわれるまで、何年かやる」

　お笑いの世界から落語家になったのは、とむも桂三度も同じだ。桂三度は世界のナベアツとして、お笑いの世界では売れた。辿《たど》ってきた道はよく似ている。だから、とむは意識する。

「桂三度兄さんは、ぼくが中学生のときに、ジャリズムのコントをパクって、中学生のときに、文化祭でやっていた。それだけ憧《あこが》れの人だった。近くで、勝負するようになるとは、思っていなかった。ライバルというとおこがましい。発想もすごいし、でも、負けていないと思う。それでも結果は結果だから」

　そこは飲み込んで、次につなげる意味でも、あんなに受けたのだから、頑張らないといけない。手応えも摑《つか》んできている。来年も新作落語でＮＨＫ新人落語大賞に挑戦したいと思う。ネタを新作から古典に切り替えてもいいが、納得のいく新作が作れれば、新作でいきたい。新作は今でも二カ月に一本作っているが、年間に残るのは一本だけだ。これまでに数多く作ってはいるが、できがいいのは、今年のものだった。だから、なおさら残念だった。

やっていることは間違いない。とむは嫁には、抱え込み過ぎだといわれる。M－1ぐらんぷりにも出ている。そちらも挑戦しているからだ。

「そこはもう一度、自分のなかでも勝負していかないといけない。R－1ぐらんぷりが一番、わかりやすいですね。あの山にのぼるのは一番辛いけど、一番、分かりやすい。NHK（新人落語大賞）もとりたいけど、NHKはちょっとしたプライドかなと思っていて、負けたくないという、あれに出たとしても、村の運動会なんですよね。だれがその番組を見てるといったら、見てないし、R－1ぐらんぷりは実際にメディアを動かしている人たちが見ているし、『あいつ頑張ってるな』と思われるためには、あの山に登らないといけない」と、とむは決めている。

「R－1ぐらんぷりは、優勝賞金五百万円を目指して、ひとり藝で誰が一番面白いかを決める大会。これまでR－1ぐらんぷりは、一回はラッキーで決勝に行けて、二〇一三（平成二五）年に。二〇一四（平成二六）年、二〇一五（平成二七）年は、全然駄目で、二〇一六（平成二八）年も、二回戦敗退だった」

一回戦は過去に決勝に残ったことがあるため、シードだ。二〇一七（平成二九）年は漫談、まくらで勝負しようとして、妻に怒られながらも、数多くのお笑いライブに出て、同じ秒数で出来るくらい稽古を続けた。

「これからは、落語だけをやっていればいい時代とは違うようになってくるだろう」と、とむはいう。だからこそ、基本となる落語をしっかりとやらないといけない。落語家なのだから、落語をやるのは当然のことだ。それだけではなく、さらに、それにプラスして、いろいろなことをやらないといけない。それともうひとつの目標について、口にした。

「そこで目をつけているのが、ＱＶＣです。人脈もあるから、落語会を見にきてもらえる。エイベックスの力もある」といった。とむは続けていう。「ＱＶＣです」。

「何ですか、それは」と、とむに尋ねた。テレビにあまり詳しくないので、訊いた。ＱＶＣというのは、何の略なのだろうか。すると、すぐに、「テレビショッピングです」という。その番組に出たいのだという。テレビの世界でも自分の居場所について、とむは、いろいろと考えている。とむには、とむの理屈がある。

「テレビからスターを出すのではなく、その他のところから、スターは出てくる」

それをテレビが紹介するかたちなのだと分析する。ＱＶＣは二十四時間テレビのショッピング放送をする専門チャンネル。アメリカで創業された。最初は一日十六時間の放送だったが、すぐに二十四時間の放送になった。日本では、生放送が編成の中心となっている。ＱＶＣは、英語の品質、価値、便利の頭文字をとったものだ。

「ＱＶＣなんか面白いな」と、とむがそこに目をつけた。それで伝《つて》を頼って、担当者に今の自分の高座を見て欲しいと頼んだ。落語を見て貰って、判断してもらう。今のテレビには出る枠がないのだという。

　とむには人脈もあるから、関係者に落語会を見にきてもらえる。事務所のエイベックスの力もある。どうすることがいいのか、とむは自分では判断力にたけていると思う。感覚的なものだ。自分のなかでは、匂いで、分かる。他の人に教えられることではなく、自分の価値観でしかない。それは間違っていない。ここだけは抑えていないといけないということは抑える。

「今、テレビはメディアのなかでは最後なんですね。遅い、遅れている媒体。今のテレビの世界は、テレビ以外のSNSなどのネット情報をもとに、それぞれの世界で流行っているものがあり、そして、それを紹介するのが普通になっているという。かつてはそうではなかったが、テレビは、そうして火が付いた人を紹介して、それで出る。テレビは他の世界で盛り上がっているものを取材させてくださいとやるものになった。それほどテレビは、パワー・ダウンしている。だから、テレビばかりを狙っていても、駄目だ。テレビにはいかないといけない。出ないといけない」と、とむは今のテレビを分析していう。

「ぼくは年配の人たちを相手にしている。年配の人たちはやはりテレビを見ている。だから、テレビに出ないといけない。全国的にいっても、やはりテレビが絶対なので。だから、やはりテレビにはのっかっていないといけない。ぼくら三〇代はテレビはずっとのっかれない媒体なんですね。四〇代中盤の人はテレビで逃げ切れるんですね。一発屋の人が何で今、見直されているかというと、今テレビにスターがいないから。スターが出てこないから、もう一回、そうした人たちを呼び戻している。そういう人たちをテレビを見ている人たちは知っているから。そういうテレビはスターを作れない時代になってきている。今の若い人は、立川談春師匠がドラマに出ていても、落語家だということを知らない。若い人はもっと知らない。『下町ロケット』は見ている。隔たりができている。立川志らく師匠は着物を着ている人で、見たことある。『着物のおじさんね』と。ぼくもだから、考え方を変えて、前は末高斗夢を消して、落語家、三遊亭とむとしてやろうと思ったが、状況が変って、末高斗夢であることも大事なことということも気付いた。そのことを、肌で感じ始めたのは、ここ四、五年ですかね。スギちゃんがブレークしたころから。スターがいなくなり、その消費が早くなった。異常だと思う。流れが速くなっている。ものの消費や若い人の興味が。それにのっかるには、確固たる事をやって、自分ひとりがひとつのものを、ぶれてないというよりも、何でもやっていかないといけない。そういう人でなければ残っていけない時代になってきている。今は自分だけを信じてやっていくしかない」云々《うんぬん》。

3　どうしてそこまでするの？

三遊亭とむは自身の新作落語「『ん』の無い女」を、十分間から三分間のものにした。三分間というのは、R-1ぐらんぷりのためだ。自分の気になったことは常に手を入れる。そのときに、気付いたことがある。

三分間にすると、受けないところがより際だってくるということだ。「『ん』の無い女」が、視聴率だとして、一分ごとに視聴率が出てくるとしたら、六〇点六〇点八〇点、六〇点七〇点五〇点……。三分にすることで、八〇点六〇点八〇点と、あれっ、五〇点が目立ったみたいな。それまでは目立っていなかった。だから、そこを八〇点にしなければみたいな。八〇点でいいのかみたいな。百点を作らないと。九五点とか百点を作らないととか。R-1ぐらんぷりのために、三分間の落語にした。だから毎日変っている。

「ちょっと聞いて」と、嫁にいって聞いてもらう。この一、二カ月はこれでもかこれでもかというくらい、とむは「『ん』の無い女」に集中していた。

《三遊亭とむです。この名前、ひらがなでとむ、でして、誰がつけたか、うちの親父がつけましてね。親父、歯医者なんですけど、歯医者の経営が厳しくて、親孝行したいなあと、先日、宮古島で落語会をやらせてもらって、四〇代後半の女性が東京出身。

「どこなんですか」といったら、

「板橋区、常盤台《ときわだい》です」

「駅から十分くらいの家《うち》の実家知ってます」っていったら、

「そこの患者でした」って、そんなことがある。驚きましたね。何が驚いたって、その人の歯がぼろぼろ……。

いろんな女性がいらっしゃいますけれども、五十音の最後の「ん」がいえない女性が出てまいりますと、噺の幕開《あ》きでございまして。

「あっ、清美ちゃん」

「ああ、飯塚どの」

「尻取りのやりすぎで、途中の『ん』やおしまいの『ん』をいうと気絶してしまう『ん』アレルギー症候群なのよね。そうなると、日常生活大変でしょう。たとえば、上野動物園は何というの？」

「上野ＺＯＯ」

「じゃあ、パンダは？」

「笹喰い熊猫」

「あそこにカラオケあるけど、カラオケじゃあ、何を唄うの？」

「童謡」

「桃太郎は」

「桃太郎氏、桃太郎氏、お腰に付けたキビボール」

「キビボールね。団子、『ん』が入ってるもんね」

「そんな清美ちゃん、好きだ。ぼくと付き合ってください」

「えっ、んん」

「あっ、気絶していない」

「あっあたし、気絶していない」

「ぼくたちの愛のパワーで、『ん』アレルギー症候群を克服したんじゃないかなあ」

「あっ、ほんまや、あんたのおかげや、何でやねん」

「何で急に関西弁？」

「前から一度、いってみたかったの」

「そうか、関西弁って、『ん』が入るね。思いのたけ、『ん』をいいなよ」

「いいの」

「いいよ」

「じゃあ、いくわよ」

「タンタンメンの専門店」

「おおっ」

「とんちんかんな民間人」

「おおっ」

「ちゃんどんごんの安全ピン」

「おやおやおや」

「アンデスメロン、安産祈願」

「まあまあ」

「もう止まらない。ゴーン改ざん、日産さんざん」

「出たー、時事ネタ」

「一方、そのころ、アンミカ、パキスタン、現地解散、寺門ジモンがジンギスカン」

「何いってるの？」

「今週号の『アンアン』は、表紙はダンカン」

「あっ」

「そして、廃刊」

「ああっ、『ん』が止まらない」

「ああ、そうなったら『ん』の尽きだ」》

「二分四八秒でした」と、高座のとむはとても満足そうだ。

とむは、常に自分に言い聞かせている言葉がある。

「その世界でトップになりなさい。そうすると、見えてくるものがあるからと、何かで常に一番にならないといけない」ということだ。だから、今年、R-1ぐらんぷりのなかで、もちろん落語家のなかで一番にならないといけない。もちろん優勝を目指している。

「この言葉はいいたくないが、決勝には行けなかったが、せめて準決勝に残ったのは、とむだけでしたというように、そこではやはり一位にならないといけない」というのだ。

「一位にならないと駄目なんですよ。桂宮治兄さんが伸治《しんじ》師匠にいわれた言葉を勝手に、ぼくの言葉にしていますけど、どの落語会でも一番笑いを取っていれば、自ずから仕事は増えるからと、いわれたそうなんですけど、だから、宮治兄さんはそれをやっている気がする」

とむはライバルたちのそうした動きを落語会でも敏感に見ている。

「もうこれで駄目だったら、もう駄目だから」

今回、二回戦で落ちるようだったら、本物ではない。正月から、毎日毎日高座でやっていた。今では尺も一分五〇秒に縮められた。三回戦のときには短くしたことで、まくらもちゃんとふれるようになった。いいんじゃないかと思う。自信はある。前日から緊張していた。R-1ぐらんぷりはそういうものだ。自分で期待しているから、緊張するのだろう。とむは他のことでこれほど緊張することはない。「好きなんでしょうね」

その日も自身の落語会があることを忘れていたほどだという。携帯をなくしたのも、どこか緊張しているからか。元旦から、休んでいない疲れもあるのだろう。R-1ぐらんぷりが終わったら、今度は落語に集中すればいいと思っている。

「これくらい何でもないですけど。これくらいちゃんともっと落語に対してその熱を出せばいいのだけど」

東京国際フォーラムでの落語は「妲己《だっき》のお百」にしようかと思っている。最初は人情噺をやるつもりだったが「天狗裁き」で宙乗りもするし、自作の新作落語もできつつある。今のとむだと人情噺はやるまで二年はかかるので、あせってやってもいいが、どちらかというと「妲己のお百」をスーパー落語にしてやると、面白いのではないかと考えた。

もうひとつ「ちきり伊勢屋」をやりたくて、ずっと挑戦したかった。しかし、五〇分くらいかかる。だから、そっちのほうは夏に中野小劇場でネタ卸でやれたらいいなと思う。どの落語をやるかという計画は年間を通して考えている。落語に関しては、落語五席、新作三席の八席を考えている。そのイメージでやっている。一カ月半に一本新作落語を作っても一本しか残らない。古典も五本覚えてもやるのは二本くらいだ。とはいっても、去年、この時期に覚えたものもまったく忘れている。

どうして「妲己のお百」か。この噺はやる人も少ない。

《妲己のお百　江戸時代の悪女といわれる。これまで歌舞伎、講談、映画などにも扱われている。》

「こないだ、連雀亭で『心眼』をやった。みんなから『心眼やるんだ』っていわれた。ぼく好きなんですよね。『妲己のお百』も好きなんですよね。（立川）談修師匠に稽古をつけてもらって、ちょいちょいやっているんですよね。去年、札幌で『妲己のお百』やったらといわれて。とむさんの『紙入れ』を見て、『妲妃のお百』を見たら、すげえ怖い話で」といわれたという。

そして「心眼」とか、笑いのない噺のほうが自分的にはやりやすいという。

「心眼」は、浅草に住む、目が不自由な按摩の梅喜《ばいき》が、横浜まで行ったが、仕事がなかったとしょんぼりと帰ってくる。弟にカネを無心行くが、目の不自由なことをあざけられて、帰ってきたという。女房のお竹はそれを聞いて、自分がお前さんの目が開くようにと、お願いするからと、その翌日から、薬師如来に二十一日間の願掛けをする。その満願の日に、梅喜の目が見えるようになる。すると、梅喜は、お得意の藝者としっぽり、そこにお竹が飛び込んでくる。と、そこではっと目が覚める。「うなされていたけど、悪い夢でも見たのかい」というお竹の言葉に、梅喜は「目が見えねえていうのは、妙なものだ。寝ているうちだけ、よおおく見える……」と。三遊亭円朝の作だといわれている。

「妲妃のお百」は立川談志師匠がやっていたネタで知られている。

「せっかくあんなに難しい言葉を覚えたんだから。冒頭から講談っぽいから」

とむは、すぐに口にのせてみる。

「もう、深川は日本橋の辰巳の方角にあることから、深川の花柳界のことを、辰巳《たつみ》と申しまして、藝は売っても体は売らないというのが心意気で、普段のぼくの喋りと違うんで、そういう意味では、前半、スーパー落語で盛り上げるんだったら、後半ちょっと、人情噺ではなく、わっと終らせて、最後に、うちの息子を出して、ふわっと終れば、いんじゃないかな」とその演出まで考えていた。

談修師には、前座のころから、会っていた。この「妲妃のお百」の稽古をつけてもらうときには、急に訪ねていって、「お願いします」と、頼んだ。この噺は談志師匠がやっていたが、今の立川流でもあまりやるは人いない。談修師は丁寧《ていねい》に教えてくれた。

「目線の使い方もすごい勉強になるし。大事にしていこうと。ほかも、習おうと思うくらいちゃんと教えてくださったので。稽古つけてくれないと思ったら、つけてくれるというので。思いついたら、それをやらないと気が済まないから」

とむは子供のころからそうだ。言葉が悪いので、文章にはできないが、ときに、それが人を傷付けたりすることもある。いった後で、反省して謝るという。

「ぼくは社会不適合者」と、とむはいう。その言葉をとむから何度も聞いた。同じ場所にずっといられない。だから、この世界にはむいている。でも、お笑いには向いていない。お笑いライブは午後五時ごろに会場に入って、午後七時開演で、八時とかが出番で、二時間ほどずっと見ていたりする。とむにはそれができない。リハーサルが終わったら、すぐにカフェで、自分で好きなことをやっている。そういうのは平気なのだ。だから、自分は接客業や営業なんかはできないと思う。他人とずっと一緒にいるのは苦痛だ。かつてアルバイトをやっていて、一番楽しかったのは、駐車場の警備員をやっていたときだった。そこで受付をやっていて、あとは好きなことをやっていたからだ。それだと八時間九時間をずっと待っていられる。どうしてなのか。自分の世界でやってられるのでその時間は関係ないからだ。とむは自分のことがよく分かっていた。自分自身で、自分をコントロールするのが難しいということも分かっている。

「妲己のお百」は、去年の夏からやっている。一年かければ何とかなる。それでも、難しいのは、やる場所を選ぶという。地方のおじいちゃんおばあちゃんはひいちゃうからだ。人情噺じゃないからだととむはいう。談修師の録音もあまり聞かない。自分の色にしていくしかないからだ。スーパー落語なんで、ちゃんと鳴り物も入れていこうと思っているという。

《しばらくすると、門付けがやってきて、三味線をつま弾き始める。（というところでも、鳴ってから、その噺をしたりとか）帰ろうかと思ったが、面倒なので、ごろりと横になっていると。がらがらっと戸があいて、向こうが何もいわないから、もう一曲弾き始めた。》

「芝浜」「心眼」をとむは、よく高座にかける。

「『妲己のお百』をやれたらいいなあと。そんなぼくが何をしたら、若いお客さんが、お笑いでもなく、テレビでも見ることができないものって何だろうなと思ったら、もちろん、生の舞台で、『心眼』は目の見えない人の噺。こういう噺はもう、新作落語としては作れないし、テレビでも見ることはできない。そういうことは悪いことじゃない」と、とむは思っている。

「『こういうものもあるんですよ』と、古典落語というものとして。『芝浜』は古典落語の第九といわれてじゃないですか。もちろん、外様《とざま》から来ましたし、型を破るといわれるかもしれないですけど、まあ、自分の会ですし、人の会でそういうことをするわけじゃないし、自分で手売りしたお客さんならば、お客さんを満足させるためには、今のぼくだったら、あの手この手しかない。名人になれば、扇子と手拭だけでいいんでしょうけど。今のぼくには、それができないから。だから、何でもやる。それはお笑い藝人の魂ですよ。何でもやる。今の噺家はすごい守られていて、うちの師匠も、何でもやっているから、ＡＶに近い番組のレポーターとか。エロ番組のレポーターとかやっていたので。今、みんながやらないだけで。うちの師匠がいう『売れろ』というのは、落語界で売れろじゃないんで。落語界という狭い世界じゃなく、外に向けて、落語界はいくつも団体があり、関西もある。フリーの人もいる。歌舞伎界はひとつの世界だから。その違いも大きい。ただ、何となくやりあって、満足できるから。ぼくは一瞬だけど、そういう世界を見て、売れるということはどういうことだというのを間近で見て、知っているので。売れていないです。一発屋さんという人たちがいる。ぼくは0・3発屋くらい。小さな弾道の花火をあげたくらい。特殊な花火があがったくらい。その当時のぼくが、どうしてテレビに出ていたかも、その理由は、今のぼくだったら、分かる。どうして出なくなったかも分かる。今のぼくのスキルで、あのころのぼくに戻ったら、たぶん藝能界に残っていたと思う。当時は、まだ二十歳そこそこだし。何も分かっていないし、調子にも乗っているし。こわいものもないし。ちゃんと努力してねえし。紅白の歌手を半分知らないのと同じで、難しくなっていて、昔だったら、そんなことはなかった。そういう時代なので、全員に認知されるのは難しいことなのかもしれない。だから、テレビを見ている人がみんな知っているというふうになれば強いので。そうして、テレビの世界で残るためには、常に変わり続けることが必要だ」という。

「変らないね」といえて、藝能界に残っている人は、実は変わり続けている人だ。常に新しい挑戦をし続けている人だ。常に新しいことを作っている。

本当に変らない人は一発屋になってしまう。一発当てるだけですごいのだが。野球選手でもそうだ、結局、投手の球速は年齢とともに落ちていく。それをどうリカバリーするかだ。それが制球力だったり、球種を増やしたりと。あとは体が強い人だ。メンタルもある。のっている人はやはり精神が良いからだ。駄目な人は卑屈になっていく。

「ぼく自身、卑屈になっていたから。他人の悪口しかいわないし、お金もないし。借金だらけだし。『何でおれが』ということしかなかった。世の中に、『おれ、こんなに売れてねえんだ』と気付いたのは、最近ですもん」

きのうも、タクシーで「昔、ファンだった」という人がいたという。着物でずっと移動していた。

「落語家さんなんですか」

「はいっ、そうです。もとはお笑いなんです」

「えっ、そうですか」

「三遊亭とむといいます」

末高斗夢が落語家になったことを知らない。昔のことは知っている。オンエアバトルのあのネタもとか。覚えてますよといわれる。十何年前ですよ、ありがたいですよねという。落語家になったことを知られてないということは、今やっていることはまだゼロにもなっていないということなのだと、とむはいう。

「最近、落語ブームじゃないですか」ととむが話の中でいうと、事務所のエイベックスの人たちには、訂正される。

「知らねえよ。本当のブームじゃねえだろう」と、いわれたという。その通りだ。今の落語は業界では、ブームとは認めてもらえない。ピコ太郎を見ている人たちは、本当のブームを知っているから。いかに落語ブームが「ぼや」かということを。本当の火事を見た人たちは。たき火くらいかもしれない。それも分かっている。エイベックスの所属になって、特にそのことを実感するようになった。先日、四百人のパーティーの司会をやった。テレビ局にも挨拶回りに廻っている。最初はテレビ局に挨拶まわりといわれたから「いやいやいや」と、かつての自分のことがあり、プライドもあるので、そうしたことはやめようと思った。

「この感じでいったって、見いだせないから。いまさら新人ですといっても、世の中は知らなくても、スタッフは知っているし。先輩も一緒ということで、それなら話も違うし、それなら、じゃあと。行きますけどと。テレビ局への挨拶は、社長、副社長が集まっているところで挨拶して、各セクションに紹介されて、ちょっと喋ってみたいな。挨拶まわりをして、別に何があるというわけではないんですけどね。ただ、エイベックスに所属したということも分かるし、三遊亭とむ、末高斗夢、まだ生きてますよという証《あかし》にもなるしそれで、急に仕事が来るわけではないというのも、分かっている。新人だと逆にあるかもしれない。可愛いアイドルだったら。プロデューサーが声をかけてくるかもしれないし。ぼくは、テレビで落語をやりたいんです。ちゃんとしたネタ番組で三分でいいから、やりたい。ぼくの場合、末高斗夢で一度やっているから、本当に変らなければ、でれないんですよ。今、落語界で話題ではないんですよ。前に話題だったやつが、落語家に転身して、何かすごいことになっているじゃなければ駄目なんですよ、ぼくの場合。それで、東京国際フォーラムやるし、R-1ぐらんぷりにも挑戦するし、前回は二十歳そこそこで、偽物の発想でしたけれど、次にでるときには、本物ででないといけないんですよね」云々《うんぬん》。

他の藝能人の仲間の人を利用しないのかと、とむに問うたときに、「売れたときにつながるんじゃないですか」と答えた。「人脈の利用の仕方は下手ですね」と、とむは自分でもそのことはよく分かっている。それはそうした人脈を利用しようと思っていないからだ。仲良しだというが、そうしたものを利用するのは恥ずかしいというプライドかもしれない。それでも、もうそんなことはいってられないのかもしれない。

「落語界では、平気で有名人と写真を撮って、SNSにアップしたりする。たぶん、自分とは違う世界の人だと思って写真を撮っているのではないかと思う。ぼくはまだあそこの世界にいるつもりでいるので。それは幻想なんですけど。あそこの世界に戻るつもりでいるから。そこの先輩たちがかわいがってくれるというのは、まだ戻ってくるかもしれないから、仲良くしているわけですから。その人たちと写真を撮るというのはおかしい。その世界にいて、すぐに外されて、もう一回やろうと。まだそこの人たちが連絡をくれる。『ああ、こいつまだあるからな』と思っているからだと思う。せっかくこういう落語という基盤を貰っているわけだから。それはちゃんとやらないといけないわけですし。ぼくは不器用だし、絶対音感もないし、演出家としての才能はないし、人と同じことはできないし、三遊亭とむは、三遊亭とむとしているしかない。そんなに芝居もうまくないし、ひとのことはすごくいえるが、自分のことはよく分からない」

　弟弟子にも「兄さん教えるのはうまいですね」といわれて、自分ではそんなつもりはなかったが、ひとのことはよく目につくから分かる。自分のことは棚に上げているのかもしれない。

「だから、本当はマネージャーのほうがむいているんです」

　東京・台東区の池之端しのぶ亭での落語会は無料だ。

「いつもこの会にきてくれている人から、お金をとるのがいやで。そのかわり、これは本当に稽古させてもらうよと。これに関しては本当に仕事じゃないです。噺は人前でかけたほう強い。もうけるところはもうけるところと決めたところがある。取るところから取って、取らないところからは取らなくていいんじゃないかと。むこうからしたら、取るのが当たり前というか、千円、二千円をね。ここまできたら、そういう人たちからお金を取るのが厭で。そのかわり一時間くらいで終らせてくれと。好きなことだけやって、同じ噺を二度やることも。仕事ではなくて、稽古なのだから。そういうのをしたいから。どうしてもお金を取ると、ネタを変えなきゃとか、でも、家でやるよりはいいんですよ。これは究極のわがままです。八人くらいきたら、十分だと思う」と、並べられた座布団を見ながらいう。「まったく宣伝していないですから」

　そうはいっても少し残念そうだ。もっとお客さんが入ったほうが賑《にぎ》やかで良い。

「千五百人はくるかもしれない。それはぼくの虚像の動員力。本当に来るのは、三人かもしれない。ここに来るのは、本当のお客さんで。性格的にも他で恥をかけないから。ここの前なら滑れる。

（お客さんは）暖かい目で見てくれているんで。我《が》は強いけど、精神的に強いほうではないので。確固たる自信がないと。あまり器用じゃないから」という。

4　落語の力を信じて

余談だが、文藝評論家の谷沢永一氏が嫉妬《しっと》について書いたというか、喋った本『嫉妬の正体』のなかに、落語家について言及している部分がある。

《小さんは、若いときは落語がうまかったけれども、年をとってからはダメになりました。ところが政治手腕だけはありましたから、落語協会の会長に就任すると、若い落語家の歓心を買うためにどんどん真打をつくりました。いわば、粗製乱造。それを見てかんかんに怒ったのが三遊亭圓生です。そこで落語協会を飛び出したのです。》

谷沢氏は文藝評論家だと思ったら、いつのまにか、演藝評論家にまでなっている。

《圓楽は落語家として一番大事な時期に圓生のお共をしなければならなかったから大成できなかったし、圓生もついに没落せざるをえませんでした。》とまで書くのだ。もうこれだけで、厭になってしまった。それまでは好きで、谷沢氏の文章を読んでいたが、もうこの文章を読んだだけで、読みたくなくなった。書くのは自由だが、自由というのは、それだけ勉強して正しいことを書かないといけない。その裏側にはそうした契約がある。

ともは一万人の集客目標に向かってやることは決めている。十月の東京国際フォーラムでの千五百枚のチケットも、すぐに売れるだろうと。大きな会をやっても、失敗はしたくはない。

「大風呂敷を広げたら、入ってなかったら、やっちゃあいけないと思う。身の丈《たけ》にあってないことをやっているので、できるだけやらないといけない。受けないといけない」という。ともは、自分のなかでは強くなっていると思うという。喋り方も、考え方も落語家になって、変ってきている。それは自分が人間としてだけなく、落語家としても成長していることを実感しているということだった。自身でそう感じることは理由があった。

「だんだん落語を信用してきている。最初は、お笑いのほうが面白いと思っていた。失礼ながら。今は違う。落語の力を信用してきている」

それは「芝浜」のおかげだという。古典の滑稽噺《こっけいばなし》を信用できなかった。これは何が面白いのかわからずに、新作をやっていた。「芝浜」をやったら、「よかったよ」といわれて、そうなんだと。二年ほど前に、小さなところでやらせてもらったことがあった。

「何だ、あんた古典できるじゃん」と、お客さんからともはいわれた。

「ああ、そうなんだ」と、ともは自分では必死にやった。変に笑いを取ろうとしなかった。とにかくゴールまでちゃんとやっていこうと思う。それなら、そういうものの数を増やしていくほうがいいなあと考える。それで、だんだん自分にあった噺を探すようになった。「まだわかんないですけど」と、ともは付け加えた。

高座で熱演する三遊亭とむ

「もともと『紺屋高尾』が好きで落語家になったので、『芝浜』は一応覚えたが、立川談志の弟子の立川生志に「『紺屋高尾』の稽古をつけてください」と、頼んだ。

「おれの『紺屋高尾』は立川流の流れのものだから」と、最初は生志に断られた。福岡県出身の生志の地元の久留米まで行ったら、断られないだろうと。ちょっと、考えさせてくれ、と。

その後、真打ちが決まったら、と、約束してくれた。生志とは、もともと、テレビ番組でよく知っている間柄だった。そこもありがたい。

「それ（紺屋高尾）が好きで入ったので、『紺屋高尾』をきちんとやりたい」という。「『芝浜』は落語界の第九」だから。二人しか出ないので、やれるのではないか、と。そうした思いがとむのなかにはあった。

「芝浜」は、とむは自分の等身大の年齢でやっている。

「あとあと知ったんですね、若い夫婦の話ではなかった」と。だからやれる。

　他の人のやる芝浜が気になる。それでも、それを見ると、「何、その所作」と、みんなうまくて、自分の芝浜がやれなくなるので、見ないようにしている。

「立川談志師匠のものも見て、柳家小三治師匠のやりかたがいいのかなとか、あとは、『心眼』なんかも、柳家さん喬師匠のも見て、よく分からない。時代もよく分からない。この噺はハッピーじゃないし。みんなが評価してくれる。だからこそ、下手なものは出せない。古典のうまい人は本当にうまい。藝歴は関係ない。全部おもしろい人にはなれない。だから五つなら五つに決めたい」

　それまでは新作と人情噺をやろうと思っていた。今年になって古典もやろうと。「天狗裁き」も、スーパー落語にしないでも、面白いといってもらえるように。型を知らずに、型を壊すことない。落語家は、面倒くさいことをやらない。一年に一度でも、コストがかかっても、新しいことにチャレンジしたい。天狗に出てきてもらって、あのシーンだけは芝居にする。普段は歌舞伎を見に行っていないような人もスーパー歌舞伎を見に行っている。そういう人を取り込めないといけないと、とむは思う。

　ここから再び余談になる。かつて、立川談志師匠は、弟子に対して、真打ちの基準のことでいったことがある。

「売れたら、真打ち」という基準を出したこともある。

立川流では、前座から真打ちに昇進する場合の基準が基本的には決まっていた。噺を何席、踊りや講談をマスターすることなど。それでも基本的には、家元のOKが出ないと昇進はできなかった。そこでの基準のもうひとつとして、売れるということがあった。自身の経験から談志師匠はそのことをよく知っていた。

実際に、売れた。とむには売れた経験があった。立川流では、他の兄弟子たちからも「万年前座」といわれた、立川キウイが、真打ちに昇進したのは、新潮社から『万年前座』という本を出したことだといわれている。立川談志師匠が新潮社から出版したことを認めて、「偉い」ということで、それまでになかなか昇進させなかったキウイを昇進させた。

とむが生志のことを話したので、思いだした。生志は二ツ目から真打ちになるときには、大変な思いをした。立川談志が生志の昇進を認めなかったからだ。噺は良いと認めていたが、唄と踊りが駄目だという評価だった。確かに、落語家としては、その素養も必要だろう。それはそうだ。しかし、そこまで重要だとは思えない。もっと別の理由があったのだろうが、今となっては、真実は、分からない。ただ、苦労をして、遅れに遅れて昇進した。それなら、その苦労が、その後に役立っているかなど、誰にも分からない。

その真打ちに向けて足踏みをしているころ、生志には何度も、取材をした。まさに、目の前の大きな壁に向かっていたころだった。

生志の明るさが次第になくなっていくのも見ていて分かった。最後は、もう自分でもどうしていいのか分からないといった様子だった。それでも師匠と弟子、弟子は常に師匠のいうことが絶対だった。

立川談志は、誰に談志の名前を継がせたかったのかを考えることがある。それは、志の輔であり、談春であり、志らくだったのか。それとも、誰でもなかったのか。名前なんて、自分で大きくするものだ、と思ったかもしれない。その名前はいらない、と拒否する人もいるだろう。落語家の名前は歌舞伎よりも、重みがないような気がする。それだけ、重々しくしないから良いのかもしれない。落語家らしくて良い。

これまで落語会で二度、摩訶不思議《まかふしぎ》な経験をした。こんなことが本当にあるのだろうかということだ。数多くの落語会に通っていたら、本当にいろいろなことがある。ある時期は、文化部の落語の担当で、仕事で毎日のように落語会に通っていた。それが仕事だった時期もある。時には、朝昼晩と違う会を客席から見ていた。仕事で見る落語会はやはり面白くない。誰も、失敗しようとして失敗はしない。だから、驚くのだ。一度は、仲入りで高座のマイクが反対になっていたことだ。落語家さんの側ではなく、お客さんの側になっていた。仲入り後に後半でマイクの調整を行ったときに、誰かが間違って反対側にしてしまった。仲入りで、高座の座布団を変えるときに、マイクの前後も変えてしまったらしい。後半が始まって、録音をしていたベテランの有名な録音技師が仲入り後、すぐにそのことに気付き、顔色が変わった。そのとき、たまたま高座の袖で見ていたが、みん

高座を終えて、お客さんたちと記念撮影

なが驚いていた。そんなこともあるのだ。

もうひとつ、ある落語会で、高座のめくりの名前の文字を反対にとめていて、お客さんから見ると、名前が逆《さか》さに名前がなっていた。だれよりも前座さんが驚いていた。それでも、お客さんは落語家さんが出てくる前から大笑いだった。だれでも失敗はある。それを笑いですませられればそれが一番いい。誰が最終的に確認したのかは知らないが、前座さん本人の心の傷にならなければいい。

ある落語会で、まだ入門からあまり日が経っていない前座さんが、開口一番の前座噺の途中で、台詞《せりふ》が急に出なくなった。高座の袖《そで》から、兄弟子が助け船を出すシーンにも出合ったことがある。それなんかはよくあること。入門したての前座さんには、よくあることだ。そうしたことも、お客さんにも良い思い出として残る。お客さんはつねに前座さんにはあたたかい。
何よりも落語会ではいろいろなことが起こるものだ。

第四章　スーパー落語

1　地方での三遊亭とむ落語会

「今はまだ（自分は）中途半端なんだなあと思う」と、三遊亭とむは、あるとき、しみじみとそう話し始めた。

とむは常に分析をして、客観的に物事を見ている。自分でも気づかないうちに、そうすることで先に進めることになるのかもしれない。

「うちの師匠も、何かあったら、胸を張って（自分の）真打ち昇進についていえるが、今は何もないから」

とむ自身が胸を張って、真打ちになりたいと思う。ただ前座、二ツ目の修業期間が単に終ったから真打ちに昇進したということは自分としてはやりたくない。というのも、落語界は前座何年、二ツ目何年で真打ち昇進とだいたいの期間が過ぎると、昇進する。落語家の世界では、普通、時間が経って何ごともなければ、誰でも昇進することができる。ある面では、何ごともなければ、だれで入門した順番に昇進することができる生ぬるい世界なのかもしれない。最近では特にそうした傾向が強くなっているようにみえる。

とむは、自身が落語界に入ったのは、「落語を壊す」ために、師匠が入門を許可したということを考える。「そのために、入れた。だから、落語を壊しなさい、そのためには、まず、落語がうまくならないといけない。自身のひとつの目標である真打ち昇進のときにはお客さんで日本武道館を埋めるためには、もっと上のステージに行かないといけない」と、とむ自身は思う。

日本武道館というのは、とむは真打ちに昇進したときに、日本武道館でお客さんを一万人を集めて、披露を行うことを決めている。

「上のステージに行くのは、本当に難しいんですけどね」と、付け加えた。実際に入門してから、自分でひとつひとつ目標を立てて順番にやっている。そして着実にその山を登っては、また次の目標に向かう。そのひとつの区切りが真打ち昇進のときに日本武道館を自分の客で一杯にすることだった。「これからは、落語だけをやっていればいい時代とは違うようになってくるだろう」という。だからこそ、当然、落語家としては基本の落語をしっかりとやらないといけない。それにプラスして、いろいろなことをやらないといけない。とむはそのことは意識している。

さらに、真打ち昇進披露についてては「武道館でもやるが、それに来れない人たちもいるので、全国で、（真打ち披露の）会をやりたい。そこには、うちの師匠（好楽）を連れて行く。全国でやって、一年くらいやって、『まだやっているの』といわれるくらいできるといい。師匠を小さいところにも連れて行きたい。そういう小さいところで、『こんなところでもやっていたのか』というくらいのところに、うちの師匠を連れて行けば、喜ばれるじゃないですか」と、とむはいう。

私が産経新聞の札幌支局にいたときだ。東京から知り合いの落語家さんが北海道に来て落語家をやるときには、出来るだけ顔を出していた。楽屋で話をしたり、その後、飲みに行ったりした。札幌での落語会も多くなり、会う機会も増えた。そうしたときに、とむの会も札幌であった。

地元新聞社の大きな立派なホールでの会、街の中心部から少し離れた会場、イベントスペース、私設博物館の二階、寿司屋の二階、そば屋などあらゆるところで落語会は行われていた。

今では全国どこでも、落語会を行っていて、そこでの会も増えてくる。それはすべて、とむの人柄だろう。札幌・薄野のビルの一角の小料理屋「わかな」での落語会を見て、驚いた。この場所のどこで落語をやろうとするのか。噺をする、自分の座る座布団を置く場所がない。すると、カウンターの上の三十センチの部分に座るのだという。しかし、そこに座ると、もう天井はすぐで、立ち上がると頭を打つ。何よりも、危ない。こんな狭いところで、本当に落語会が出来るのか。お客さんも、その店に一杯入っても十人ほどだ。とむは全国のこうした場所での落語会をいろいろな場所で続けて、人脈をさらに広げている。

かつて、落語会を主催している人たちのことを一冊の本にしたことがある。日本全国、いろいろな人たちが落語会を開いている。なかでは、取材はしたが、本には載せなかったあるフリーペーパーの新聞社の人がいた。その人は、落語会をやっていても、実際には、自分では顔付けもできず、あまりにも落語家さんの評判が最低最悪で、悪く、けっして落語が好きでも、落語家さんが好きでもなかった。ただ、商売で、会社の看板で落語会をやっていた。当然、それでもいい。サラリーマンだから。でも、わたしはその人の貧相な、いかがわしい、どうしても見たくない人間性がそこかしこに見えたときに、この人がやっている落語会まで厭になってしまい、その人のことだけは、落語会を主催する人たちと一緒に本には載せなかった。自分もその人の落語会には一生行かないと決めた。自分の好き嫌いをはっきりと主張していい年齢になったと思った。載せたくない理由がひとつではなく、両手でも足りないくらいにいくつもあった。それでいいと思った。が、そのことで、自分のことを載せなかったということで、逆恨みされて、わたしがペンネームで本を書いていると、会社に内容証明まで送ってきた。そのために、私自身は、会社から一番軽い処分を受けて、そのことがあって北海道に札幌支局長として飛ばされた。普通はしないようなことを平気でするその人の人間性を疑った。そのときにも、落語に対することだけでなく、人に対しても、人間性を疑うようなことがあった。落語が好きな人は話していても、こちらが楽しくなる。そうでなくて、落語が好きでもなく、落語会を主催している人は悲しい。落語から何を学んでいるのだろうか。

この話には後日談があって、北海道に飛ばされて、北海道で落語を好きな人たちの横のつながりを持った。落語でいろいろな人とつながった。三遊亭とむが札幌に来たときに、落語会にも行ったし、旭川で落語を通じて知り合った、落語好きの主人のやっているそば屋で落語会をやってもらったりもした。逆に、そうした人間性を疑うような人が居たおかげで、北海道が第二の故郷になった。そのことで、その人に感謝をしているくらいだ。それでも、人間として、品性の劣悪な性格の人の顔は見たくないのは変らない。二度とその人とはかかわりたくない。だから、そのフリーペーパーの新聞社の落語会には絶対に今後も足を運ばないと決めた。その会社にも一生涯、一切協力しないことに決めている。私自身、人間が小さい。それでも良いと思っている。それが自分という人間なのだから仕方がない。

落語会を主催している人もさまざまだ。ただカネのために、落語会を主催している人がいるが、そうした人は落語家さんが一番よく分かっている。売れている落語家さんだけを使う。そのために、何かをするのではなく、そこでは札束で落語家さんの頬を叩くのだ。

「扱いが違う」と、落語家さんはいうものの、そこでは大きな声で反対のことをいえない。ここでも実名であげたいくらいだ。

それとは違い、本当に落語が好きだという人もいる。それこそ、落語の話をするとすぐに分かる。化けの皮は、すぐにはがれる。落語家さんも、落語が好きで、自分たちを大切にしてくれる人はよく知っている。そうした人の会はお金ではなく、出演してくれる。

話は戻って、札幌でのそのときの落語会はとむの人柄もあって、外はまだ雪が残っていたが、店のなかはとてもあたたかった。落語会も楽しい雰囲気で終った。

落語家は全国を落語会で歩く。隅々まで出かけては、いろいろな場所で落語会を行う。「ここにも来ているのか」と、驚くことがある。今、売れている落語家のなかにも、若い頃、まさに、日本全国を隈無《くまな》く歩いている人がいる。そうしたところの落語会でネタ帳を見て、ここにも来ていた、と驚く。まさに「ネタ帳に歴史あり」だ。「えっ、ここにも来ていたのか」と、地方での落語会のネタ帳を見ていて驚くことがよくある。

「売れている人は本当に細かく廻っていますよね」と、とむはいう。そのことを実感として、同じように全国を歩いて落語会を行うとむはよく知っている。

「売れている、そういう人こそ、面倒くさがらずに、地味なことをやっている」と、とむは自分自身に言い聞かせるように言った。

寄席に出ている人は、いいよなあとも思う。寄席という自分を自由にアピールする場所があるからだ。とむは、アピールする場が少ないので地方を小まめに回る。そういうときに、「三遊亭ここにあり」と、お客さんにアピールする。野心をもって、アピールする。かつて圓楽党には、寄席若竹という圓楽が作った寄席があったが、それも閉鎖された。今は両国寄席があり、月のうち半分ほど開催しているが、若手の出番は限られてしまう。定席の寄席が都内にいくつもある落語協会や落語藝術協会に比べると寄席への出番は限られてしまう。

「少し野心が強すぎるので、よくないところもあるんですが。野心に実力がともなっていないから、馬鹿にもされるんですが。お笑いの世界から、落語家になって、(落語家の)みんなが(自分のことを)悪くいわないのは、ぼくが、あまり落語がうまくないからだと思う。みんなは、あっ、こいつ大丈夫だと、思ったんでしょうね」という。

とむは、自分で落語家になってからを振り返りながら「あれで、最初から、超スターだったら、脚を引っ張られたのだと思う。だから、今からやっていれば、認めて貰える。みんなに仲良くしてもらって、今の自分がある。そのために結果を出して、恩返しをしないといけない」という。

このままいけば、とむは真打ちに昇進するのは、二年後となるだろうと自分では思っている。そのくらい時間がないと、武道館もあいていないだろう。今回、独演会をやろうと、予約をしようとした東京国際フォーラムも問い合わせたときにはすでに四日しかあいていなかった。それも全部、平日だった。東京国際フォーラムがあいていたのは、十二月の年末と十月だった。十二月は忙しい。年末で、日が悪かった。だからとりあえず、十月十六日でやろうかとなった。

「横浜アリーナじゃ駄目なんです。武道館が分かりやすい。武道館という知名度。歌舞伎座や新橋演舞場では、つまらない。そこだと、(広くないので)チケットが売れてしまう。一日の花火にしたい。性格的に、二日興行は(これまで)失敗している。明らかに二日目は失敗している。自分が飽きてしまっていて。自分には、二日間の集中力がもたない。このくらいやっていれば、何かいいことがあると思う」と、とむはいう。

とむは池之端しのぶ亭で月に一回、落語会をやっている。それまでやっていた勉強会をやめた。その会は月一の会にして、入場無料にすることを決めた。すべてが、十月十六日の東京国際フォーラムを成功させるための会だ。その会に集まる五十人の人たちと東京国際フォーラムを作り上げようと考えた。

落語ファンでなくても、入場無料だと「行ってみよう」と思うかもしれない。来るのは池之端しのぶ亭の近所の人かもしれない。

「自分の今の生活を支えてくれているのは、四十六道府県ですよ。ぼくを支えてくれている。東京ではお金になっていない。それは、ぼく自身の人気のなさと、東京ではまだ本物になれてないことを見透かされているからです。だから、東京では相手にされていない」という。

とむはまだ二ツ目だ。今でも、東京で、売れている二ツ目は多い。まずは、そのことを自覚することが大切だと思う。入りたくても、売れている二ツ目のその枠のなかには入っていない。正直、ほかの二ツ目よりも稼いでいる。それは良いことでもあり、悪いことでもあると、とむ自身は思う。東京でずっと地道にやっている人たちもいる。その人たちと自分を比べてみる。そこですり足をやっている人は地固めができているだろう。

東京に残って、仕事がなかったら、それよりも地方で高座に出ているほうが強いだろう。全国で、応援してくれている人が増えている。そこでとむは、考える。

「ぼくのニーズは、東京で、落語家をやっている人が、わざわざこの町に来てくれた、というそういうことをいってくれる人がいる。こっちからしたら、お願いして行っているんですけど。だからこそ、東京で勝負しないといけない。ぼくは東京出身だけど、地方で磨いたものを、いざ東京で、

『どうだ、見たか』と、全国で磨いたものを見せたい」

毎月一回水曜日、東京国際フォーラムでの落語会と同じ曜日の同じ時間にした。しのぶ亭では、その月にとむ自身が自分で今、やりたい落語をやる。

「もしも、ぼくが落語を変えられるなら、スーパー落語だ。ぼくはただ落語をやっていればいいわけではないと思う。これからのサービスというのは、そこに人が集まれるとか、あそこに行けば、友達に会えるとか。それも落語を通して。今の二ツ目の自分にできることは、お客さんとの距離が近く、『こんなところにも』というのを、まだ少ないが増やしていきたい。まだ行っていない、山形、岩手で新しく会を始めようと思う。仙台の独演会も改めて始める」

――全国でどれくらい落語会をやっている？　あるとき、とむに訊いた。

「新潟だけで十カ所以上ある。全国では五十、六十はあるかなあ。武道館の手応えは、全然。国際フォーラムで、スーパー落語を成功させることができたら、次は三千人くらいのところで。三千人をひとりで集められるようになったら、八千人はいけると思っている。翌年でも大丈夫だと思う。人の力を頼るのは厭だし」

とむは、自分のお笑いのライブを見た弟弟子にいわれることがある。

「兄《あに》さんって苦労しているんですね」

良いところばかりで仕事をしていると思われている。お笑いライブとは違う。

「お客さんが四人の前で、ぜんぜんやっているよ」と、とむは弟弟子にいった。いつもしっかりしたところや、多くのお客さんの前だけで落語をやっているわけではない。

「そこが甘いんだ。そんな良い仕事、こねえよ」って、とむは弟子に説明する。

「どうしたら、仕事くるんですか」と、訊かれる。落語家仲間の誰もが不思議に思うほど、とむには地方での落語会の仕事が多いとみんなには思われているようだ。

「仕事なんて、(向こうからは)来ねえから」と、とむは答える。「仕事なんて、作るもんだから」

実際にその気持ちがとむにはある。今、全国百カ所以上で、とむは落語会を開いている。その正確な数が分からないほど、地方での仕事が増えている。新潟だけでも十カ所以上の会場で落語会をやっている。一度出かけて、そこからさらに派生して落語会をやることが多くなっている。その多くが、少人数を相手にするような会場だ。

「儲《もう》けは、東京以外の落語会が支えてくれている」と、とむはいう。「東京ではお金になっていない。つまり東京では相手にされていないということか」と、とむは苦笑する。

「他の二ツ目さんのほうが(東京では)稼《かせ》いでいるんでしょうね。全国でこれほどの会をやっているというのは、地方でのぼくのニーズは、わざわざこんなところまで来てくれたということでしょうね」

とはいっても、とむは地方でだけで落語会を続けているわけにはいかない。ある時期、TBSラジオで「転身落語会」の告知が、とむの声によって一分間のCMが一日十回ほど流れていた。それを聞いて、リスナーが怒っていて、いつまで聞かないといけなのだと苦情をいったという。

「それはいいことで、ぼくは聞いてないから知らないが。そうすると、リスナーだけでなく、番組をやっている人たちが、『あいつはやっているなあ』と思ってくれる。ありがたい。『こんなやついた。そうそう、あんなやついた』と。だから、結果を出していかないといけない」

笑福亭鶴瓶師匠も、とむには「はよ、這《は》い上がって来い」と、応援してくれている。「同じ土俵で勝負せなあかん。はよ、上がって来い」といってくれる。だから、とむは、売れて鶴瓶師を早く喜ばせたい。それしか、自分には恩返しができないと思っている。

もうひとり、お笑いの世界から落語界への転身のきっかけとなった、大恩人のひとりの春風亭小朝師匠は、今は少し距離を置いて見てくれている。

「わたしは、あなたの師匠ではないから。ぼくは紹介しただけだから」というスタンスだ。だから、遠目で見守ってくれている。それでも、節目、節目には、きちんと、とむは小朝師のところには忘れずに挨拶に行っている。

2　お笑いの世界との違い

「趣味はないですね。強いてあげれば不動産の賃貸探し」と、三遊亭とむは不思議な趣味をあげた。賃貸情報はずっと見ていられる。賃貸探しは好きだ。いつもそればっかり見ているから、妻に「不動産屋になれば」と、いわれる。こういう性格だから、人につかわれることはできないだろう、というと、自分で不動産屋を開けばと。すごいことをいうなと。それは、自分の運気をあげるためでもある。どこかで最後は神頼みなのか。

「師匠も今のしのぶ亭に引っ越してから明らかに運気があがっている」

場所とか、土地というのは大事なんだなという。それを証明するように、いつも好楽師匠がいう。

「ここに引っ越してから、弟子が増えた。隣りの神社との古かった塀も取り壊されて、明るくなった」と、好楽師匠が話す。

やはり、とむの趣味はお笑い。お笑いを語り始めたら、とむはもう止まらない。

「藝人は評論家になってはいけないといわれるが、好きで。落語好きが、尺(時間)を測ったりして、何が楽しいのかと思うが、ぼくもお笑いで、ボケの数をカウントしていたりする。それも自分の勉強といえば、勉強なのだが。ずっと見ている。ずっとお笑いを見ている。去年からやり始めたのは、自分の新作落語を兄弟子に無理矢理に見せて、俺は落語が良く分からないから、落語になるように教えてくれと。みんな優しいんですね。教えてくれる。お笑いだったら、絶対に教えてくれないけど」云々《うんぬん》。

とむはお笑いの世界を経験してから落語の世界に入った。つまり両方の世界を知っている。両方の良い面、悪い面を知っているということになる。

また、とむの性格もあるのかもしれない。自分の知らない落語のことを自分は知らないから教えて欲しいと声に出して後輩に頼める。弟弟子たちに頭を下げることは、とむには何でもない。それよりも何よりも、お客さんに喜んで貰うことだ。自分の作った噺を今よりもさらに面白くすることだ。そのことのほうが、大切だと思っている。だから、後輩にも教えを乞う。

3 「いだてん」のこと

平成の最後に三遊亭とむの出演したNHK大河ドラマは「いだてん」だった。その後も、ドラマにはいくつか出演している。それでも、興味深いのは、この大河ドラマだった。

《いだてん 二〇一九(平成三一)年のNHK大河ドラマ。東京オリンピックに向けて、NHKも力が入っていた。NHKの大河ドラマ。宮藤官九郎の脚本。主演は、中村勘九郎、阿部サダヲ。初めてオリンピックに参加したストックホルム大会から、昭和三九年の東京オリンピックまでを日本人初のオリンピック選手となった金栗四三と東京オリンピック招致に尽力した田畑政治の二人を描いている。物語は、ビートたけし演じる古今亭志ん生が語る。実際には、視聴率で苦戦した。》

どこまでも、視聴率の低下に歯止めがかからない。とむがまだ出ていたときには、そこまでの視聴率の落ち込みではなかった。小さい文字ながらも、冒頭のロールに「三遊亭とむ」の名前が出ていた。以前、ロールに名前が出るかは分からない、と話していた。それは「いだてん」に出演した経緯にあった。NHK側からの出演オファーではなく、エキストラとしてのオーディションを受けての出演だったからだ。実際には、名前も出た。しかも、いくつかのシーンでとむの姿が主役の役者の前後に、大きく映し出されていた。短い時間ではあったが、とむが出演していることを知っている人はすぐに気付くくらいのシーンだった。それでもこのくらいでは、「大河ドラマに出ている」とはいわないのかもしれない。それでも、名前が出ることで、知人にはアピールできたようだ。

しかし、そうしたシーンで出ていることを業界では「見切れ」という。「見切れる」ということは、①テレビ放送や演劇で、本来見えてはいけないものが見えてしまうことや②写真や映像で、フレームに人物などの全体が収まらず、一部が切れていることをいう。

「ちょいちょい出てますけど」というが、じっくり見ていて、「あっ」という感じだ。本人をよく知っているとすぐに分かるが、知らない人には、分からない。それだからエキストラだ。一瞬で姿を消すこと、そうしたことを業界用語で「見切れている」という。

とむはNHKの大河ドラマ「いだてん」のオーディションを受けた。「ポンコツマネージャーとの手違いがあり、ふたを開けたらエキストラのオーディションだった」と、とむが珍しく怒ったようにいう。実際にそのことで、とむはマネージャーを怒った。

「エキストラですみません」と、マネージャーには謝られたものの、撮影の当日も、スタジオに行くことさえが厭だった。かつては、ドラマにも出演した。そうした自分がいて、それが今度はエキストラかと。

「マネージャーは、ぼくが良い役をやってきたことを知らない」だから、そのことでとむのプライドが許さない。そうした気持ちは、分からない。売れていたときの自分がいて、今は落語家の自分がいる。そこには大きな差があった。自分では気付いていないが、どこかで、自分はほかとは違うんだという思いがあったのだろう。かつて売れていた自分のことを自分は当然、知っているが、他の人はそんなことは関係ない。現在のとむに何か仕事を取ってくるために努力しているだけで、とむがかつて有名だったかどうかは今は関係ない。

「登校拒否の子供みたい」と、妻にはいわれた。

とむは、落語家になった一年目と同じくらい、そのときのことを日記には膨大に書いている。

「それくらい厭だったんでしょうね。プライドって、（落語家になるときに）捨ててきたと思っていたが、俺、まだこんなにプライドってあるんだと思うくらい、頭では分かっている。ここでちゃんとやるほうがいいと。当然、ちゃんとやるんですけど。マネージャーにはぼくの気持ちは分からなかった。上の景色を見た人が今度はまた下からやることの大変さは分からない」

そのことについても嫁さんには「そんな位置なんだよ」といわれた。そういわれると、とむには、ぐうの音も出ない。

「嫁のいっていることは当たっている。家庭の生活がかかっているから、嘘はいわない」と、とむはいう。

「自分はそんな位置なのか」と思う。

それでも、とむの性格、存在は出演したエキストラの人たちに慕われた。エキストラで、格好悪いとか、恥ずかしいというよりも、今年は切り替えて、それをネタにしようと。笑ってくださいと。

「ありがたいし、何でもネタにする」

とむは、自分と「いだてん」のことをまくらで話す。それも回数が多くなり、すっかり自分のネタとなっている。

《日曜日、楽しみにしていることがありましてね。はじまりは、去年の三月、オーディションがありまして、大河ドラマ「いだてん」の。NHKで、学生役のオーディションがありましてね。五人一組で、右から十代十代十代三十五歳子持ち、十代という。何とか、何とか、趣味はブレイクダンスです。ぼくはこいつがライバル。ぼくは事務所は、エイベックスですから。

あっ、「落語家」って。ざわざわしている。

「三十五歳」

ざわざわ。（他のエキストラはみんな若いからだ）

「趣味は、シャレです」

ざわざわ。（そんなことをいう人はいない）

「じゃあ、そのシャレをお願いします」

そんな地獄の駄洒落の発表はないですよ。

俳優のジョージ・クルーニーさんが回転寿司に行きまして、合羽橋の食品サンプルのカッパ巻きのウニをおきまして、これを取らなければ、常にクルーニー。今と同じような空気になりましてね。

そこまでは想定通り。それで、一環（一貫）の終わり。隣の十代のコが「すげえ」って。

「落語家っぽい」

「いやあ、落語家だって。本当に落語家なんだって」

それで、事務所から「受かりました」って。

撮影が五月十五日。

「旗持ってください」

これが棒倒しの棒くらいあるような旗で、重たいんですよ。風も強くて。

「気を付けてください。きょうはSLを走らせてますから。電線にくっつけたら燃えますから」

「はいっ」

「はいっ、本番、スタート」

ここから八時間。何かおかしな仕事だなって、思って。

「お疲れさまでした。レギュラー、学生役EXのみなさん」

「今、何っていった」

「レギュラー、学生役EXのみなさん」

「EXって何だ」

ドラマの世界では約して、エキストラのことをEXという。ぼくはただ、エキストラオーディションに受かっただけだと。おかしいと思ったんです。たかが「一貫の終わり」で、大河ドラマなんか受かるわけないんです。もう、次の日から「エキストラのみなさん」と、エキストラと呼ばれているんですよね。

「マラソンのシーンですけど、わらじが出演者の方の分で終わりになりましたので、裸足で走っていただきます」

もう、二〇一八（平成三〇）年ですよ。「大丈夫です。ガムテープをお配りしますので、脚の裏に貼ってください」

ガムテープで痛くないと思うでしょ。小石がガムテープと足の間に入って、より痛いんです。

「痛い、痛い、痛い」って。

「じゃあ、わらじが二足だけ余っていますから、みんなでジャンケンしてください」と。坊主頭の連中がみんなで、ジャンケンして、まるで、もう刑務所ですよ。

中村勘九郎さんが、「あっ、とむさんじゃないの。何できているの？」

「ええ、ちょっといろいろありまして」

「えっ、エキストラ？」

「はいっ」

撮影が終ると、「落語家の三遊亭とむさんがいますから、一発ギャグで締めてもらいましょう」と。毎日、主人公に話しかけられて、エキストラのなかで、頭角をあらわしはじめて、エキストラのリーダーになって、ついたあだ名が「旗リーダー」。馬鹿にされているんですよ。

三カ月後に、監督さんに呼ばれましてね、「リーダー」と、もう、そう呼ばれて。台本見せられて。そのとき、台本見たのが初めてで。

監督が何かを隠さないといけないので、後頭部を映した。ぼくの大河デビューは後頭部。

第四話で、「見てくれ」というので、見たら、その部分は全部カットされていましてね。ぼくも、ちょくちょく、勘九郎さんのそばにいると、映るというのが、分かりはじめて。ちょいちょい映っているんで。もう、「ウオーリーを探せ」みたいに。三遊亭とむを探してもらいたい。一瞬だけ出ます。名前も、タイトルバックに出てくる。普通は三文字か四文字のところ、三遊亭とむは、五文字だから、ちょっと浮き上がっているんですね。ちょっと見ていただきたい。

本当に辛かったんですから」》

このまくらで会場は大爆笑だった。

自分のことを客観的に見て、しかもそこで笑いを取る。落語に入る前のまくらで、自分の話にお客さんを引き込む。落語家として当然だが、まくらが面白くなければ噺も面白くない。

「『いだてん』を見ていても、古今亭志ん生が出ているし、落語には良い風が吹いているなあ。ブームにはなってはいけないんだろうけど。落語の風が吹いている」と、とむはいった。

「もう一回、ちゃんとドラマにも出たいし、ぼくはずっと夢に見ている赤坂のTBSの『赤坂5丁目ミニマラソン』。あれで、一位を取りたいから。そのために走る練習をしているんで、十何年も。

マラソンの早い人として、あれにでたいわけじゃないんですよ。子供のときから、夢に見ていた、ドラマとかに出て、その番宣で、参加して、共演者とハイタッチするのが、ぼくの子供のときからの夢なので。エキストラでは、赤坂5丁目ミニマラソンに出れないじゃないですか」

そのためには、どうするか、やはり原点に戻るが落語を頑張るしかない。それもとむは自分で分かっている。落語だけ頑張っていても駄目だ。だからR-1ぐらんぷりとか、少しでもメジャーに近いところで闘わなければいけない。

「村のなかで闘うのはいいんですけど、外とも闘わないと。そうしないと、村のなかの人しか見ていない」

そもそも、もともと、とむは村の人間ではなかった。村の人間ではなかったけれど、村に染まっているけれど、もやもやしている状態なのだ。

4　東京国際フォーラムへ向けての一回目勉強会

二〇一九(平成三一)年の一月四日。池之端しのぶ亭の正月の落語会の楽日だった。兄弟子の三遊亭好太郎師は、打ち上げでつかまると長いので、三遊亭とむはこの日ばかりは、元旦からの連日の飲み会が続いているので、つかまらないようにしようと思っていた。隠れていて、好楽師匠も帰るという。

それでも、そこにいた、お客さんと「ちょっとだけ飲みに行こう」というので、一緒に出かけた。飲み始めて、ふと気付いたら、もう午前三時になっていた。湯島にいた。好太郎師をまいたときに、弟弟子で仲の良い、らっ好から「裏切り者」と、ラインが来ていた。驚いたのが、その午前三時の時点で、カラオケ店に一緒に、らっ好がいて、「ぼくが呼びつけたのか、向こうが来たいといったのかどうか」分からないが、とむには記憶になく、それから朝まで一緒にいた。その朝は神田の連雀亭での高座があった。

「そういうときには、何が何でも、笑いを取らないと、駄目人間だと自分で思うので」と、逆に集中しているから、その日のとむの高座は受けた。

とむは池之端しのぶ亭では、勉強会を行っているが、新年からは、無料の会を月に一度、始めることにした。しかも、その会には、仕掛けをする。そこに集まる人たちに、十月の東京国際フォーラムへの用意の状況を話して、その手伝いをしてもらおうというのだ。無料には、それなりの理由がある。自分の落語の勉強のためだけではない。そのヒントになったのが、今、タクシーが無料というシステムだった。広告を見てもらうかわりに、タクシーの乗車料金が無料になるというシステムだ。来年からは池之端しのぶ亭で月に一回、とむは落語会をやることにした。とむは、将来的には、池之端しのぶ亭でのこの勉強会にスポンサーを付けて、収益まで上げることができないかと考えている。二〇二〇年以降はぜひ、そうしたいと考える。その頃、無料タクシーのことが世間では話題になっていた。簡単に、その無料になるシステムをいうと、車内に広告を載せて、その収益で、タクシー代金を無料にするというものだ。

「そういう時代になってくると思いますよ。ただにすることのリスクもある」と、とむにはよく分かっている。昔から、ただはよくない、ということも何かにつけていわれることだ。

「今の消費者はすべて分かっている」

消費者は馬鹿ではない。それでも、無料にすることで、これまでとは違うお客さんが来るかもしれない。「良いものだったら、そこで感動してくれたら、お客さんはお金を出すんです」


池之端しのぶ亭でのとむの会が行われる前に、とむは知人の高校生に噺の稽古を付けていた。

「扇子とか手拭はどうする。……そうだなあ、いきなり、扇子や手拭を持ったら、できねえよなあ」と、配慮を見せる。高校生は、高座の上で、とむは客席の椅子に陣取った。そこで落語会のチラシの裏に、太めのマジックでメモを書きはじめた。ネタは「味噌豆」だった。落語家になって早い時期に覚える前座噺だ。

ご主人が丁稚の定吉を呼んで、台所に行って、味噌豆が煮えたか見てこいという。定吉に用事をいいつけて、自分が美味しそうな味噌豆を食べるが、つまみ食いをしているところを見られたくないからと、憚《はばか》りで食べる。そこに帰ってきた、定吉、旦那の姿が見えないことをいいことに、自分もつまみ食いをする。誰かに見られてはと、憚りに行く。そこで扉を開けるとなかに、主人が……

池之端しのぶ亭

というたわいない前座噺。

その日、高校生がとむの前で緊張しながら噺をはじめた。かなり緊張しているのが分かる。きょうの会を手伝うために、楽屋にいたとむの弟弟子のはち好にも、横にいて、見ているようにという。「台詞《せりふ》は入っているから。携帯で録音していいよ」と、メモをするよりも早いだろうからという。

とむは自身のメモを見ながら、ひとつひとつ指摘した。特にとむが指摘するのは、聞く側がその言葉でイメージができるかどうか。それと視線についてだった。「おい、小僧っ」と旦那が小僧を呼ぶときの視線について、詳しく説明する。自身が一回目に、見本を示したときに、どうしたのかを聞きながら、またそのときの顔の角度や視線、手の動きについて説明する。

まだ素人の高校生に対しても、上下《かみしも》についてをはじめとして、入門したての前座に説明しているのとまったく同じように厳しく話す。その話を聞いていると、まるで自分自身に言い聞かせているかのようだ。

「ここでは誰を見ているのか」

「どこを見ているのか」

「自分のなかで想像ができていないから。自分が想像できていないとお客さんは絶対に想像できないから」

「本当に、そこに豆があるように」

とむは、高校生のしぐさもひとつひとつ丁寧《ていねい》に直していった。

「イメージをしないといけない」

相手が高校生だから、憚《はばか》りの構造から説明しないといけないことに気付き、「想像がつかないだろうけど。映像を見せたほうがはやいかもしれないが」といいながら、便器が和式だということから説明している。このあたりは難しい。味噌豆の入っている器を持つ手のかたまで指示する。プロでもかなり大変で、そこでもとむは手を抜かない。こうしたところに、とむの性格が本当に良く表れているようだ。何かひとつのことをやると決めたら、それが大きなことだろうが、小さなことだろうが、どこまでも徹底的にやる。まるで気が済むまでやるかのように。

「他の人のことはよく見える」と、とむはいう。「自分のことは分からないけど」と、笑う。「悔しいけど、自分は別です」

もしも、自分の藝も客観的に見ることができていたら、もっと違っていたということなのだろう。

池之端しのぶ亭の入口でとむの弟弟子の三遊亭はち好がお客さんを待っていた。とむの会の開演は午後六時半からだ。その時刻までに、会場には、お客さん五人が集まった。そのうちの三人はいつも来る常連客だった。どこで知ったのか、告知はほとんどしていないのに、二人は新しい客だった。

「ここは秘密倶楽部だから」と、とむは高座からいう。「本当によく集まってくれましたね。奇跡の集まりだ」という。告知もしていないからだ。本当に、とむのことが好きな人が集まっている。

池之端しのぶ亭は本当に演者とお客さんとの距離が近い寄席でもある。会の前に、今夜の会で、お客さんは何人入るだろうかということをとむに尋ねた。すると、とむは、告知していないからと。それでいい、という。お金を取るかどうかは、実は大きな問題で、よくいわれるのが、無料では駄目だということ。プロならお金を貰わないといけないということ。金額ではなく、お金を取るかどうか。

「お金を貰うところからは、貰う。ここでは稽古をさせてもらうと」いうと。それで一時間くらいで」と、とむ自身は決めている。よく落語家は、人のいないところで、何度も稽古をするよりも、お客さんの前での一度の高座のほうが、自分のためになるという。

「わがままですよ」と、とむは自身でもよく分かっている。「お客さんは八人で十分」

とむは、自分のことを「精神的に強くない」という。「器用じゃないから」と。自分のことをよく分かっている。

「よく集まってくれましたね。秘密倶楽部へ。奇跡の集まりです。お金を取ったら、やりにくい。昨年までお金をとっていた。初めてのネタだとか、やるところがないんですよね。それで、今回、こそこそこそ。お客さんがあまり増えすぎても困ると」

ここで初めて気付いて、めくりを指さしながら「三遊亭とむです」と、自己紹介した。そして、今年正月から仕事をさせてもらっているという神田連雀亭のこと。カメラで撮影している理由を説明する。千五百席を集める。それまでを撮影して貰う。

それをすべて撮影する。

「暑くないですか」と、部屋の温度を気にする。お客さんに声をかけて、「すぐにいってくださいね。秘密倶楽部ですから」と、笑わせる。

年の初めに、神田連雀亭の出演が十日ほど続いた。神田連雀亭は、これまで面倒臭いので、弟弟子に頼んで、すべて代演をたてていた。「いつも神田連雀亭を軽視して、代演ばっかりたてるから、神田連雀亭の神様が怒ったんですよ」と、弟弟子にいわれた。実は、一月の八日から十三日くらいまで家族で旅行に行こうと思っていた。それが毎日、神田連雀亭に出ることになった。みんなにばかにされて「神田連雀亭の主」とからかわれていた。

《きょうが神田連雀亭の最終日だった。神田連雀亭を出て、ある兄さんと二人で、人の悪口をいいながら歩いていた。人の悪口で大盛り上がり。「そうですよね」といって。

五分か六分して、別れて、「そうだ、電話しないといけない」と、電話しようとしたら、ない。こんな大きなものがないんですよ。神田連雀亭に戻って、ない。嘘だろう。道ばたも全部見て、ないんですよ。GPS検索してもらったら、神田須田町一-十一-十にあると場所が表示された。やっぱり神田連雀亭の近くだ。もう一回探してみて、全部のところ探して、ないんです。神社でお参りをしていた。前日から。財布の小銭を全部入れて。その日は四百十円入っていた。そば喰える、と。十円を入れた。出世稲荷神社だ。

スマホがないから、何もできない。その後、立川のホテルで、一席やる仕事があって、それが終って、また神田に戻って。悪口をいっているときに、ペットボトルをゴミ箱に捨てたなあ。ゴミ箱に行って、探す。ないんです。自分が捨てた、ペットボトルは発見したりして。ああ、これこれと。今は公衆電話もないんですね。やっと見つけた公衆電話も「何いってんの、普段は見向きもしないくせに」といった雰囲気を醸《かも》し出している。

「ごめんごめん」といいながら、十円入れていたり。公衆電話はすごい勢いで、十円を消費するんですね。神田駅も改札は八個あって、切符を入れるところは一個しかないんですよ。日頃は、そんなこと気付かないじゃないですか。

プライベートで、駅伝の東村山市民レースに参加することになっていた。二カ月前から決まっていた。この大会には、毎回、ドタキャンしていた。前の日に、インフルエンザになったとか嘘をついた。当日、行きたくないと。七時四十五分に、多摩湖集合なんです。何で、東村山の奥地のね、そんなところでね、寒いなか、そう思っちゃうんですよね。

同級生が、切れて「お前のそんないい加減なところが嫌いだ」と。

スマホを落としただけなのに。喧嘩《けんか》になった。駅伝にも行けなかったりして。どうしようと。携帯がないと、どうしようもないですから。月々いくらか払っていると、新しい携帯を作ってくれる。壊れたら、送り返すし、見つかったら、送り返すというシステム。一万八百円。手数料三千円くらい。一万五千円弱。プラス、カバーしている側が四千円くらいする。シールも四千円くらいするんですね。二万三千円くらい。二万三千円持っていた。なぜかというと、神田連雀亭のワリ（給金）が二万三千円くらいだった。十日間くらい出ていて。寄席なんてそんなもんです。その二万三千円をいかに使うかばかりを考えていたときに、仕方がないからスマホを買い換えるかと。面倒くさいですよ。

きのう、全部やって、さあ、仕事に行こうと思ったら、うちの嫁のところに電話があって、ぼくのほうをにらんでいる。

「はいっ、落としました。あー、申し訳ありません。はいっ、そうです。分かりました」

見つかったと。見つかったのはいいけど、タイミングが悪すぎるでしょ。返さなければいけない。》

落語家はまくらでどんな失敗談でも、そのことを笑いにすることで、自分の世界を作ってお客さんに示すことができる。

自分を笑ってもらうのは、笑いの世界の住人の第一歩だ。その笑いさえ取れない住人はどんな笑いも取ることはできない。

とむはまくらの部分で、自分が経験したことを面白可笑しく話すことで、まくらの部分での成長が著しく、その笑いの質も変わってきているのが分かった
《年末の師匠の忘年会に行ったときに、怒られたかなと思った。その忘年会に呼ばれてもいないのに、行った。他の忘年会があって、天秤にかけていた。そちらの忘年会がなくなったので、師匠のほうに行った。

師匠の機嫌が悪く、「六番が……」といっていた。自分のことをいわれているなあと、思っていた。自分は好楽の六番弟子だから。

「六番が……」

よく聞いたら、競馬の話で、「六番から流したのに」と。「馬のことか」とほっとした。》

元旦に行われた圓楽一門会の理事会の話を面白おかしくする。何を面白がるか、そこに落語家としての資質がある。とむは、何でも面白がる。それは落語家として、とても大切なことだ。

この日、とむは新作落語の「百字制限」を高座にかけた。その前に話したスマホを落とした話から始めた。

《携帯電話の話をしましたが、これからは、節約していかないといけません。いろいろと制限して。糖質制限をしている人とか。世の中にはいろいろといらっしゃいます。

ここにおります言葉を制限している人物が出てきますと、噺の幕開きでございまして。

「おい、巧《たくみ》、巧、お前、最近元気ないって噂だぞ」

「何が」

「大学のみんなが、あんなにおしゃべりのお前が、喋らないって。何か具合でも悪いのか」

「何だよ」

「悩んでるのか。どうしたんだよ。ん」

「別に悩んでない」

「悩んでないならいいけど」

「元気ねえんだろ。お前を元気づけるために、女のコを呼んでコンパやろう。行こうよ」

「……」

「ん、金ないから行かない…」

「……」

「ん、いいよ、俺、バイトで金が入ったから奢《おご》ってやるから」

「……」

「いいよ、お前なんか、しらねえよ。お前なんか、次、コンパあっても誘ってやらねえからな」

「あっ、危なかったあ。あんな奴に、文字数使ってらんないんだよ」

さあ、この男、どうしてこんなになったかといいますと、一週間前。

「あああ、よく寝た。ああ。やべえ、だいぶ、遅れちまった。今何時だ。あっ、着信」

「おはようございます。ラッキー池田です」

「はいっ？」

「ラッキー池田です」

「はいっ。何かご用で」

「おはようございます。ラッキー池田です」

「それは分かっているんですけど。どちら様ですか」

「ですから、おはようございます、ラッキー池田です」

「いたずら電話ですか」

「いたずら電話ではございません。ラッキー池田です」

「あっ、分かった。上野だろ。あっ、栗本か。いたずらだろう」

「いえ、違います。ラッキー池田です」

「ラッキー池田さんが何か」

「おめでとうございます。あなた当選です」

「これ、いたずら電話ですね」

「いえ、あなた、一週間ほど前、大日本テレビのアンケートに答えましたね」

「あなたの夢かなえますというやつ」

「あなたは、そこに何と記入されましたか?」

「百万円ほしい」

「おめでとうございます。当選いたしました」

「えっ、本当ですか。ということは、百万円いただけるんですか」

「はいっ、おめでとうございます。ラッキー池田です」

「それは分かっているんですけど。百万円貰えるんですか」

「はいっ、差し上げます」

「どうやったら、いただけるんですか」

「今、ご説明させていただきます。百万円なんですけど。ひとつ、差し上げるにあたり条件がございます」

「条件?」

「はい。条件がございます。番組の条件となっておりますので、これから、今から一週間、言葉を百字に制限させていただきます」

「はい」

「独り言は、かまいません。ひとつの会話を百字に限らせていただきます。もし、百字に抑えられたら、百万円差し上げます」

「ちょっとよく分からないですけど。えっ、どうやって調べるんですか？」

「そうですね。ポストをごらんください」

「えっ、ポスト。ちょっと待ってください。うちのポストですね。……時計が入っているんですけど。これを手にまいて」

「手にまいていただきましたね。これで、カウントが始まりますから、この時計を二十四時間、外すことができません。二十四時間、スタッフが確認しますので、よろしくお願いします」

「気持ち悪っ」

「カウンターをごらんください。この挑戦、やりますか」

「やるやる」

「八文字使いましたんで」

一週間たちまして、

「ちょっとぉ、巧君起きて」

「おっ、清美ちゃん」

「大学の授業、終ってるわよ」

「はいっ、まじでっ。あっ」

「あのさ、ちょっとお願いがあるんだけど。きょうの夕方、ヒマ？　あたしとちょっと飲みに行かない?」

「あっ」

「いいの。いいの。じゃあ、校門で待ってるからね」

「……」

「ああ、びっくりしたなあ。あいつらのコンパなら断れるけど、清美ちゃんから、誘われるなんて、めったにないし」

なんてんで、居酒屋に行くことになりまして、

「本当にきょうは付き合ってくれてありがとね。どこの居酒屋にする。巧君決めて」

「……わっ」

「えっ、あの店でいいの」

「わっ」

「それじゃあ、あそこに行こう。わああっ、すごい、廻らないお寿司。こんなとこ、大丈夫なの?じゃあ、何飲む?」

「水」

「水でいいの? じゃあ、私も頼んでいい? 大将、獺祭《だっさい》をぬる燗《かん》で。先に頼むね。卵とウニとサーモンとそれと数の子ください。巧君は何にする」

「おまかせ」

「こんな高いとこで大丈夫？　付き合ってくれて、ありがと。わたし、どうして今日誘ったかというとね、あたし、彼氏いるんだけど、きのう、彼氏と喧嘩《けんか》しちゃって、むしゃくしゃしちゃってさあ、巧君、クラスとみんな、動画を見てたでしょ。あれで、元気でちゃって、あれで、いろいろとお話できたらなって思ったの。だから、すごく嬉しい。本当にありがとう。あたしみたいなの、厭じゃない？　本当。アタシのこと好き？」

「好き。好き」

「巧君、広瀬すずのこと好きなんでしょ。広瀬すずと私とどっちが好き？」

「……すず」

「ひどい。そこは清美っていいなさいよ。だけど、本当に嬉しい。こんなこと急にいうのも何だけど、もし良かったら、これからも、私と仲良くしてね。いい？」

「……」

「ちゃんと言葉にしてよ」

「……」

「ねえ、わたしのこと、どう思ってる？」

「好き」

「だから、それ以外の表現はないの？」

「ラブ」

「だから、そうじゃなく。ちゃんといってよ」

（心の声）（やばい）

「すごい好き」

「えっ。そういって貰えると、嬉しい。大将、強めのお酒ください」

「これからもよろしくね。付き合ってください」

「駄目よ、私彼氏いるから」

「えっ。どういうこと、どういうこと。今、嬉しいっていったじゃない」

「何で嬉しいの？」

「あなたが百文字制限に失敗したら、私が百万円貰えるの」》

この新作はネタ卸で、これから変っていくだろう。

七月の落語会で大ネタの「ちきり伊勢屋」に挑戦しようかなと思っていることも、高座でとむは披露した。好楽師匠の七枚組のCDを持っているのは、幸の助兄さんと自分だけだと威張る。それだけ、熱心だと思わせておいて、実際には、事務所のマネージャーから貰ったものだとばらすオチがあった。

それでも、帰り際に、無料とはいうが、とむにお客さんが心付けを渡している。お客さんも気を遣っていた。お客さんもこの夜は新年だったので、お客さんにとっては、お年玉をあげるという意味もあるのかもしれない。

池之端しのぶ亭での落語会からの帰り際、とむはこれから赤坂に飲みに行くという。「明日のことも考えるが、今のぼくがあるのは、お笑いの先輩たちがいたからで、誘われたら、断れない」という。それで駄目だったら、実力がないということと、とむは自分自身に言い聞かせるようにいった。

5　もうひとつの落語会

三遊亭とむは、毎月、池之端しのぶ亭で勉強会をやっている。六月十二日に行われた会は、勉強会ではなく、普通の落語会となった。どこでどうなったのか、四十人限定で、笑福亭鶴瓶師匠がゲストだった。とむは、会が始まる前から、神経を尖《とが》らせていた。いつもだと、五、六人のお客さんで、すぐに用意も終る。それを、予約のあった四十席用意しないといけない。弟弟子のはち好に、席のことなどを厳しくいっていた。実は、とむは、はち好には前日から、いろいろな指示を出していた。ふだんの会ではなく、神経をとがらせていた。自身でも、その場所に座ってみて、高座の見え方がどうかをチェックした。最初は、四列あった前列の座布団の席を三列にして、後ろを椅子席に変えた。空調も二十度に設定した。狭い空間に多くの人が入るので、すぐに室温も上がることから、先に部屋の温度を下げておく。それでも納得がいかないように、さらに十八度に下げた。その間に、今度は十月の東京フォーラムでの会を文化庁の藝術祭に申請するための書類をスマホで打ち始めた。

　鶴瓶師は、自身のネタを常に、最高のものにするために、どこかの高座で噺をかけたいというそうした思いがあり、とむの落語会の高座に上がっていた。それがうまく合致した。これまでも鶴瓶師は、とむの落語会に出るという話をしていた。とむにしてみると、願ったりかなったりの話だが、そのぶん緊張することになる。とむから持ちかけた落語会ではない。

　とむのなかでは、鶴瓶師は落語家の大先輩ではあるが、その面だけではなく、タレントとしての一流の大きな存在として、あった。だから、そうした扱いもただ落語家の先輩としては見ていない。さらには、今回は鶴瓶師から持ちかけられた話なのでいいが、もしも、本当にとむ自身が鶴瓶師を頼るときのために、大切なカードは持っていたいとも思う。

　鶴瓶師にしてみれば、とむがどういう会をやっているのか、チェックする意味もあるようだ。

「これまでで一番、お客さんが入っている」と、会場を眺《なが》めながら、とむは噺はじめた。人が多いので、暑くなることは分かっていて、お客さんが不快になると、会がよくないので、それもこれも
「空調次第」と、笑わせた。

「ミスがあって、こうした会になった」と、とむは説明した。それもこれも日付を間違えた。だから、明日の会にも来て貰えればばと。

　そして、いつもの、赤い着物のネタで、お客さんを和ませた。失敗談のまくらで、とむは、

「『ん』の無い女」を始めた。

鶴瓶師は、「明烏」を高座にかけた。

《明烏　ある金持ちの真面目一方の倅《せがれ》に、少しは世間を知ってほしいと、父親が、町内の遊び人の源兵衛と多助に、遊郭への遊びに連れ出して貰う。観音裏の稲荷におこもりと称して、だまして出かける。妓楼へ上がると、さすがにそこは遊郭であることが倅にも分かるが、「大門をくぐるときに、番所に三人連だと断っているから、一人では帰れない」と、ウソをいって、帰らせない。すると翌朝、源兵衛と多助が相方に振られて、帰ろうとするが、倅は、もててもてて……。》

続いて、鶴瓶師が登場した。この夜の池之端しのぶ亭の満員のお客さんは大喜びだ。上方落語なので見台を前に置いているが、しばらくは、立ったままで、話す。そして、座って「明烏」に入った。もともと「明烏」は、関東の噺で、それを、廓《くるわ》を吉原ではなく、場所も関西に置き換えている。登場人物の名前は同じ。贅沢《ぜいたく》な空間になった。お客さんは大喜びだ。そして、ふたりで対談を行い、仲入り。やはりこの狭さで一杯にお客さんが入ると温度が一気に上がる。空調が効かず、シャッターをあげて、窓をあけ、空気の入れ換えをする。

仲入り後、とむは「やり手が少なくなっている」といいながら、噺に入った。「心眼」だった。

《心眼　盲目の梅喜が、目が開きますようにと、茅場町の薬師様に願を掛けてお参りする。その満願の日に、目が開く。そこで目が見えなくなってから初めて見る人たちに、さまざまな想いを抱く。》

それまでどこか緊張している様子のとむだったが、噺に入ったら、すぐにいつものとむに戻っていた。夜の池之端しのぶ亭の前で、即席の撮影会が行われて、鶴瓶師は、ひとりひとりとにこやかに撮影を行っていた。とむはその様子を少し離れた場所から見ていた。

第五章　飛ぶ落語家

1　赤い着物は三遊亭とむ

その日、東京・高円寺での落語会の高座にあがった三遊亭とむは、「赤が多くて、すみませんね」といいながら、笑いをとった。とむの着ているのは、高座の緋毛氈《ひもうせん》とかぶるような赤色の着物だった。同じ赤で、溶け込んでしまう。いつも、とむの着物は赤色だ。赤色の着物しか持っていないようなイメージだ。もうこの赤色の着物がとむの代名詞になっている。師匠の三遊亭好楽が日曜日の夕方のテレビ番組「笑点」でもピンクの着物で、すっかりお馴染《なじ》みだ。

この赤色の着物で、誰が出てきたのかがすぐに分かる。とむ自身は、そうしたことを意識して赤色の着物に決めているわけではなく、単純に赤色が好きだからという理由で、赤色の着物に決めた。高座のネタでは、ピンクを狙っていると話して、笑いを取る。いきなりピンクだと好楽師匠のおかみさんに怒られるので、洗濯して、だんだんピンクにしていくと笑わせる。そういえば、赤色が好きで、とむはお笑いの時も赤い衣装だった。

「単純に好きな色を着ているだけなんですよ。あと、（笑点で）座布団運びをやりたいから」と、笑わせる。ここでも、笑点のことが話題になった。

落語家というのは、地味な着物の人と派手な着物の人の二種類だ。名前を覚えてもらうためには、着物の色は統一したほうがいい。「笑点」のシステムと同じだ。着物の色で、お客さんが覚えて貰えてくれる。

「ぼくはたぶん、赤い人だと思われている。落語会では、赤い着物の人がいたら、『とむちゃん』といわれると思う」

それはとても大事なことだ。年末に、勢いで「買うか」と、また同じ色の赤色の着物を買った。一応、黒紋付きも持っている。あと、考えているのは、着物にスポンサー名を入れようかなとも考えてもいる。落語を壊して、最終的に落語をやっていくかというのが、大事な気がすると、とむはいう。

「五千円で絶対に損はさせませんよ。グッズも売らないといけないんですから。一人のお客さんに、一万円くらい使わせないといけないんですから。いつも思いますけど、落語会は安くしすぎだ。簡単に千円で見られたら、つまらないですから。グッズは、お茶、手拭、雷おこしとか、いろいろと作っていこうかな」と、とむは考える。

とむの落語会では今、「とむ茶」という名前のお茶を売っている。これがなかなか好評で、飛ぶようによく売れている。

「初めて落語会をやるところで、向こうが気を遣って、高座にお茶が置いてあった。こんなことってもいないのに、どうして、お茶が置いてあるのかなと。たぶん、落語のイメージなんだろうな。着物の人はお茶を飲むと。だったら、お茶を作ればいいかなと。安く仕入れて、売っているわけですから。本当に、良いお茶を使っている。だから、リピーターが多いです。手拭のときに、気付いた。『あれっ、一枚目は買ってくれねえな』と。お茶は美味しければ、二個でも三個でも買ってくれて、人に渡してくれる」

そこで、とむが気付いたのは、落語会でお客さんは良い落語をやらないと、お茶を買ってくれないということだった。

すべては、真打ち昇進のときの日本武道館を一杯にするためだ。ひとりで八千人を集めるために、今でも、すべてひとりで活動をしている。

「人を頼るのは厭だから」

売れる前の落語家が自分の会のチケットを手売りするのはよくあること。その数もたかがしれている。とむは、それを千を超えても自分でチケットを手売りしていた。ノートに自分だけが読める癖のある字で誰がチケットを買ってくれたか、料金は払ったかというのを細かく書いていた。だから入金の有無もすぐに分かった。とむはそうすることで、今の自分の集客の実力を知り、さらにどれくらい努力しなければいけないかを知るかのように毎日毎日チケットを手売りしていた。

そういえば、とむはかつて自分の携帯の番号を公表していて、気軽に話せる落語家を自称していた。その番号はとむの手拭に描かれていて、仕事を待っているといっていた。

そのことが良いことかどうかは分からない。ただ、お客さんにとってみたら、身近な存在であることは間違いないが、ふつうは、一日中、携帯が鳴るのは、どうも精神的には良くないと思うが、とむは違うようだ。お客さんにとってみれば、それこそ、身近な落語家のほうが良いであろうが。

あるとき、地方でこんなことがあった。前座のころのことだった。ある地方で落語会をやった。そのときには、お笑いの人もゲストの名前も告知して、呼んで会をやった。会場は八十席ほどで、それが一杯になった。ゲストもそれほど売れている人でもなく、集客能力がないことも分かっているが、そういうお笑いの人も入れて、集客するのはすばらしい、といわれた。すごいカチンときて、「いえいえ」という。それからだ、自分の落語会でゲストの名前は出さないことにした。自分の力で集客する。サプライズ的に、そこにゲストにきてもらう。基本はそうすることにした。実際には、自分の力ではなく、ゲストの力だけ、お客さんが集まっているといわれたことに、むかついた。

「それがぼくのなかでは、正直、今の落語ファンの声だと思った。それからだ。そんなことをいわれるくらいなら、もういい。厭なことをいう奴の落としどころにするくらいだったら。そういうことをいう人の意見も大事ですから。その意見を潰《つぶ》してやろうと思って。本当は、告知できたほうが楽なんですけど。一枚でも多く売れたほうがいいから。落語会のゲストの名前はチラシには入れないことにした。自分の力で会をやって、お客を集める。ゲストに頼らない集客力。それでなければ意味がないと思った。といって、他の落語会を否定するわけではない。上の師匠を呼んで、集めれば、そこで知って貰えるのから。その人たちの土俵を借りて。お笑いから来たぼくがやっちゃあいけない気がした。そこで人脈を使うのは違う気がして、だからこそ、その人脈を使うのは、真打ちのお披露目だけだと思う」と、とむはいう。

もしも三千人を集めることができたら、もうそれだけの人数をひとりで集められれば怖くない。そのときのゲストの顔ぶれも自分のなかでは決めている。それもその人たちが出てみたいという会で、お情けででているのではない会にしないといけない。そのときに、スカスカの日本武道館に立たせることはできない。そのためには、死ぬ気でチケットを売らないといけない。

「落語会で、人脈を使うのは、日本武道館でのとき」と、とむは自分ではすでに決めている。それまでは、封印する。

「今回三千人を集められたら、もう怖くない」という。

自分の特技は何だろうと思ったときに、チケットを売るのはうまいのだなあと思った。落語は別として。だから、とむのなかでは、そのことがテレビショッピングのＱＶＣにつながる。落語はとくいではないけど、チケットとお茶と手拭を売るのはうまいと思う。これをいかさないといけない。みんながいうから。何であいつの落語会に一千人とか五百人とか入るのか、おかしいとか。みんながすごい、すごいといわれる。とむ自身は、チケットを死ぬ気で売っているのだ。

「ぼくは一生懸命に売っているからしかない。みんなが驚くというのは、ぼくのキャラクターなのだろうと。みんなは死ぬ気で売っていない。来てもらうのだという気持ちの差。ぼくは天性の格好つけだから、（席が）埋まってないと格好悪い。自分の身のたけに合っていないことをやっているのは重々承知だからこそ、そこを埋めないと、やっている意味はないと。お願いもしているし、とはいえ、出来ないことはしないし。押し売りはしないけど、無理はいいますね。そのかわり、後のケアはする」

その売りかたはというと、落語会のチケットを売るために、知り合いに、しらみつぶしに電話をする。それに、とむの飲んでいるコミュニティにも電話して、チケットを売る。さらには、思いついたら、チラシを渡して、これをチケットを売り切るまで、続ける。

今回はこれまでで最高の千五百枚を売らないといけない。千五百人に一枚ずつ売るというのではなく、それなら、十枚売る人を百五十人見つければ良いというのがとむの考えだ。合理的といえば合理的だ。そう考えても普通は行動できない。有楽町の読売ホールのときには、千人くらい売った。今回は気持ち的にも、買ってくれないと困るというのがある。

「今回はスーパー落語なんで。失敗できないんで。意外と押し切れる。ぼくの会にきてくれる人は、独演会なら値段が高いほうがいいくらい。落語会って安すぎるんですよね。歌舞伎や演劇に比べて。それは、落語がひとりでやっているということもあるのかもしれない。安いから人が来るというわけではない。ぼくの持論として、来る人は来るし、来ない人は来ない。値段じゃない。その人が好きかどうか。その人が見たいかどうか」

　とむは、友達の舞台でも、二千円だから行こうとか、五千円だから行かないではなく、単純に見たいから行く。その値段が高かろうと、安かろうと。ものを売るというのは、チケットだろうが、お茶だろうが、同じ。何でもそうじゃないかと思う。人に何かお金を出させるということはそういうことだ。だから、池之端しのぶ亭でやる勉強会は、お金を取りたくない。やることに自信がないからだ。そこでは本当にやったことないことをやるからだ。

　とむが何かを売るということは、最初は手拭から始まっていた。手拭は、配るもので、売るのは野暮だといわれる。欲しいという人がいれば、買ってもらったほうがいいととむは思う。

　落語家は、挨拶に手拭を使う。特に、正月には、挨拶として会った人に手拭を配るという風習がある。そこでとむは、自分の配る手拭とは違うデザインで、お金を出しても欲しいという人に買ってもらえばいいのではないか、と考えた。だから、配るものと、売るものとは手拭のデザインを変えた。まったく違うものにした。配っていたのは、電話番号入りのものだった。今、とむが売っているのは、キャラクターが入っている手拭だ。ラインスタンプを手拭にデザイン化した。

　どうして手拭を売るようになったのか。佐渡で落語会をしたときに、「その手拭が欲しい」という人がいた。

「売ってくれないか」といわれた。

「えっ」と、とむは驚いた。

「いくらだい?」

「えっ……」

「二千円でどうだ?」

「じゃあ、いいですよ」と、手拭を売った。

「オレも欲しい」「わたしも欲しい」と、そのときに持っていた手拭五本を全部、売った。

「あれっ、これが売れるのか」と、それがヒントだった。そこでは、ちゃんと儲《もう》けを出さないと意味がない。「この時代、お土産が欲しいんですよ」と、とむはいう。

「北海道に行ったら、『白い恋人』を買ってくるじゃないですか。まず、自分が北海道に行ったというトークをするためでもあるし、で、喜んで貰えるという、一石二鳥なんですよ。そういう意味で、ぼくはグッズがあればいいと。入り口として、グッズがあればいい。あまり落語家は、やってないですよね」


三遊亭好楽一門は、トップの三遊亭好楽師匠といい、三遊亭兼好師といい、一門のみんなが揃《そろ》って本当に筆まめだ。何かあると、すぐにはがきをくれる。しかも、どちらも、驚くほど達筆だ。イラストも、ちゃっちゃっと描いて、しかも、心のこもった文面だ。だから読む側の印象に残る。そうした一門のなかで、とむは、「手紙は苦手」という。「そのかわり、電話する」と、とむはそこはとても現代風だ。行動的でもある。電話が好きで、手紙は駄目。筆まめではない。八千人に手紙は書けないが、とむは八千人に電話はできるような気がする。あとのことを考えている。できることしかやっていない。以前からそうだ。

「死ぬ気でチケットを売っている。自分でも身の丈《たけ》に合っていないことをやっているのは、承知の上だ。必死でお願いもしているし、無理は、その後のケアで。必ず、終わってから連絡を入れる。手紙は出せないが、八千人にも電話することはできる」と、今からそういう。そして今、自分ができることをやっている。

友だちも増えた。とむは落語家になって、決めていることは、嘘はつかないこと。お笑いの時には、友だちがあまりできなかった。いろんな意味で、社交辞令のようなことが多かった。できないことでも出来ると。「今度、飲みましょう」とか。ちょっとしたことだ。「またお願いします」ということとか。それをお願いしなかったりとか。今はあまり、調子の良いことはいわない。「今度、飲みましょう」といって、厭だったら「厭です」という勇気を持つようにしている。他の師匠を見ているというのもあった。嘘をつくと結局、嘘をつき続けないといけないからだ。

「最終的に面倒な気がしてきて。もちろん嘘も方便もあるんですけど。基本、嘘も方便ではなくて、こういう時代だから、本当のことをいっている人のほうが強い」と、とむは思う。

2　十月の落語会に向けて

「天狗裁き」を三遊亭とむはウケるようにしようと努力していた。この噺については、型をしっかりやって、今は型どおりにやっている。とむは、古典落語にカタカナを入れるのは嫌いだ。そこにはこだわっている。

「師匠、変えないでやります」と。「最終的には、変えるんですけどね」

そして、スーパー落語になる。宙を舞う。そのときに、会場にいるお客さんにスマホで自由に写真を撮って貰う。すぐにSNSで拡散する。

「もしも、ぼくが（落語を）変えられるなら、スーパー落語だ」と、とむは思う。「天狗裁き」だけが決まって、他の演目は決まっていない。ゲストのことも悩んでいる。呼びたい人は三人いるが、その世界を壊さないようにしないといけない。

稽古は好きではない。だから、笑福亭鶴瓶師匠に、「稽古しろ」といわれる。「スーパー落語で空飛んでる場合ちゃう。早く、世の中に羽ばたけ」と、うまいことをいわれる。不器用だから、稽古はするのだが、真剣勝負の場の人前でやらないと駄目だ。落語家にもいろいろあって、一人で壁に向かって稽古する人、歩きながらする人、電車のなかでしかできない人などさまざまだ。とむのようにお客さんの前での高座が一番の稽古という人も多い。

地方での高座について、とむは、今、全国を回るときに、噺を三つやるとしたら、一個目、鉄板（ネタ）。二個目に試しの練習ネタ。三つ目で鉄板ネタみたいな感じとしている。高座にかけてみないと分からないことはたくさんある。常に、何かが気になる。だから、落ち着いて稽古することができない。それが自分の性格であることも分かっている。

「売れている人は、稽古している」ということはよく分かっている。自分でも稽古しなければいけない、ということはよく分かっている。それでも、性格から落ち着いて稽古できない。売れている人は稽古をしている。時間がないから、集中してやるのだろう。

「ぼくも、もっと稽古好きにならないといけないと思うんですけど。ぼくは、お笑いが好きなんですよ。これをいっちゃあいけないと思うが。三分ネタの稽古はアホみたいにしているんですよ。だから、もっと落語の稽古しなければなあと。自分は器用じゃないんですよ。器用に見えて、ものすごく不器用なんです。要は、失敗しないと気付かないですから。毎回。失敗すると、みんなが怒ってくれる。違うだろうと。ぼくの周りは、ぼくのことをよく知っていますけど。だから、怒られなくなったというところにつながる。怒られないと、間違ったままでいく」

二〇一九（平成三一）年二月十日に東京・高円寺での第九回高円寺演藝まつりでの落語会が行われた。高円寺では、この時期、街をあげて落語会を行っている。お寺の社務所などで、落語会が行われているが、実際の地名となったお寺の高円寺では、まだ落語会は行われていない。

とむの出ている会は、高円寺演藝寄席第一部で若手落語家が、三部構成で、次から次と出てくる。入場料は、各部が千円。早くから会場の前に行列が出来ていた。この朝、とむは、昼前に余裕を持って、楽屋入りしていたが、思い立ったように、「髪を切りに行きます」という。高円寺は、とむの地元ではないものの、急に髪のことが気になり始めて、決めた。とむが髪を切るのはいつも同じ理髪店だが、きょうは急に、髪が切りたくなった。何か決断するとすぐに実行しないではいられない性格だ。だから、髪が気になるとなり、思い立ったら、すぐに髪を切りに行った。いつも、二週間に一度、髪は切るようにしている。そこにもとむの性格が表れているようだ。

その日の落語会の会場には、約五十人のお客さんがいた。とむが高座に上がったのは、春風亭昇々に続き、二番目だった。予定では、最初にとむが上がることになっていたが、昇々の仕事の関係で、二番手になった。

高座を降りてきたとむは、すぐに「一人目の(春風亭)昇々兄さんに負けないようにしようと。ちょっと思うところもあったので。この後の仕事で、昇々兄さんに負けてんですよ。大阪のテレビ番組で、『落語アワード』という番組で、ぼくか、昇々兄さんのどっちかでということで、どっちも同じスケジュールで動くはずだったのが、ぼくが負けたので。だから、昇々兄さんが先に出たんです。だから、どっちが面白いか、みてやろうというのもあったんで」と、受けて、気をよくしたようで、饒舌《じょうぜつ》だった。

そこでやったのは、NHK大河ドラマの「いだてん」のことと、「『ん』の無い女」だった。そのどちらも、とむの掌中にある、どこでも受けるネタだ。

今回のR-1ぐらんぷりは良い勉強になったという。

「いろいろなことに気付かされた」という。とむは、これで最後にするつもりだったが、それ以前の自分の問題に気付いた。三分間落語にこだわった。落語家だからと、三分間での落語をとずっとやっていた。ネタを一分五十秒くらいにした。それで、マクラも入れてやっていた。力を入れたが、三回戦で、手応えがなくて、落とされた。

「駄目だったか」と肩を落とした。

とむの所属しているエイベックスでは、月に一度の「ハッピー・アワー」という社内のイベントがある。社員のための息抜きのイベントで、そのイベントでとむは、司会だけでなく、R-1ぐらんぷりのネタを披露した。それは大阪での反応とまったく一緒だった。

「あっ、そうか。やはりこんな反応になっちゃうか」と思った。

そのことは、いかに寄席があったかいかということを意識させられた。自身の計算では間違っていなかった。このネタでは、お笑いの賞レースには勝ちきれないということが実感として分かった。

R-1ぐらんぷりは、二月四日が準々決勝の予定だったが、三回戦で落ち、前日の三日に山口に行った帰りに、調整のために、お笑いライブを入れていた。落ちたが、それで不義理をするのも何だし、今回はライブに出ようと思った。そこで何をやろうかなと思った。もう、モチベーションもあがらないし、落語をやらないで、「師匠に捧げるバラード」というピンネタがある。笑点の特大号でも、十分くらいでやらせてもらったことがあったネタだった。

「それをやったら、ものすごく受けるんですよ。そのライブで上位になっていて、『あれっ』と。俺は自分のなかで意固地《いこじ》になりすぎていた。お笑いから落語家に転身して、だから落語をやらないといけないというのは、お前のエゴであって、世の中の人はそんなこと関係ないし、なんか、逆にそんなことよりも、面白いことをやろう」と、とむは思った。

二月三日のハッピー・アワーで、所属事務所のエイベックスの偉い人に、「もっと単純に、面白くないと、もっと面白いものが見たい」といわれた。「単純に面白いものが見たい」

それもあって、いろいろと考えた。

「すごい肩肘張って、落語でやんなきゃと思ったけど、マラソンシューズを履《は》いたまま、短距離で勝ちたいと、誰もマラソンシューズを履けなんていってないのに、自分のなかで、マラソンシューズを履かないと駄目だと思って、変な使命感で、R-1ぐらんぷりに臨んでいた。そこはでも、ルールに従って、勝ち上がってから、落語をやればいい話で、ちょっと根本的な考え方をまちがえていたな」

ここでも、とむは、たとえて話した。

落語にこだわっていたが、そこでは勝てない。というか、大きなことをいえば、自分はR-1ぐらんぷりの決勝にも行っているし、落語というネタの焼き回しにしか見えないだろうなと思う。どんなに頑張っても。単純に、もっと面白かったら、もっと上に行けただろうなと思う。落語は、もうあのピンネタではかなわない。これだけやったのに、落語ではどうしても勝てないということも分かった。

とむには、落語以外のピンネタもある。とむの勝手な夢では、落語で勝ち上がって、一本目で三分落語をやって、それで勝って、二本目で、師匠に捧げるバラードで勝って、優勝するのが夢だった。今、考えると、逆だったほうが良かった。師匠に捧げるバラードで勝っていって、最後の決勝で落語をやったほうが格好良かったなあと思う。師匠に捧げるバラードが勝ち切れたかどうかは別にして、もしも、これからR–1ぐらんぷりをやっていくんなら、ピンネタをやっていかないといけないと思う。

「今回のR–1ぐらんぷりを通して、気付いたのは、ぼくはお笑いが好きなんで、落語はもちろんやっていくんですけど、自分にしかできないピンネタをやっていってもいいじゃないかと。勝手に、落語、落語となっていた。今の自分は中途半端で、それなら、落語も、お笑いも、中途半端で、それなら、中途半端なものを作っていったほうがいいんじゃないかと。中途半端なら、中途半端を認めて、それを受け入れて、やっていけばいいじゃないかと思えた。今回のR–1ぐらんぷりは、本当に勝つつもりだったし、必死にやったし、それでも意固地《いこじ》になっていたかなと。もっと受けていたら、受かっていた。今日もそうだが、初めて落語を見るような人たちにとっては、少々人気者だといっても、限られているし、ピンネタも作っていく。落語家だからといって、落語だけやっていくわけにはいかない。もっと何でもいいから、はねた方が良いから。落語も、本気でやっている。

でも、ぼくは落語オタクじゃないから。どちらかというと、お笑いオタクなんだから。落語をやりつつ、お笑いをやっていけばいい」

そこに自分で腑《ふ》に落ちたところがいろいろとあった。R−1ぐらんぷりに、とむは教わったと思っていた。

「運営を批判する人もいますよね。だけど、ぼくは違う。それは、ぼくは違うと思っていて、一生懸命、ぼくはやっていて、他で活躍していたら、受からせていたかもしれないし、落ちたのは、オレが悪い。怒るんじゃなくて、そうさせてしまっている自分が悪い。今回、それに気付かされた。落語の限界というか、当たり前なんですよ。マラソンシューズを履《は》いて、短距離走に臨む限界を見たというか、もともと短距離走のシューズを履いていたのに、格好つけて、『オレはマラソンに転向したんだから、マラソンシューズじゃなきゃ駄目なんだ』と勝手にいっていましたけど、誰が決めたんだと。お前が自分で見られ方を気にしていただけなんじゃないか。誰もお前に、落語の使命なんて感じていないんだから。いいじゃないか、普通にしていて」と。そうしたことに、とむは気付かされた。

「そうそう、ぼくは履いている靴を気にしすぎていましたね。R−1ぐらんぷりのおかげで、『ん』の無い女も、前よりよくなったし。きょうはじめて、尻取りのくだりをいれた。それでダントツに噺が良くなった」

高座に上がる前に、楽屋でとむは、手拭にしきりにマジックで何かを書いていた。

「バレました？　覚えられないから。カンペ、カンペ。最低なんですけど。最低ですよ。きのうできて、きのうのきょうだから。これがあることで、安心感がある」

　そうしたところでも、とむはとても正直だった。バレたからといって、嘘を言うのではなく、正直に今の自分のことを話した。

　そこに書かれていた尻取りは、相撲が好きだということで作ったもので、以前のものとは違っていた。以前は、チーター、タッチ、チケット、トローチ、ちり紙、道、地球人だった。それを相撲ネタに変えた。

「あそこはなおさなければいけないなと思っていた。最後に、両国国技館でおわるのは、面白いじゃないですか。去年も、NHK（新人演藝大賞）でやって、駄目だったけど、だいぶ、落語的になってきたし。ネタも面白くなってきている」

　NHK新人演藝大賞では、桂三度というとむにとっては、目の上のたんこぶというような存在が優勝したことで、いなくなった。

「落語のうまい歌太郎兄さんも優勝されたし。少し、手薄になったし。毎年、違う新作を出してきたけど、同じネタでブラッシュアップした物を見せるのもありじゃないかなと。毎回、できたてのほやほやのやつを、一月から作って、春くらいに良いのができて、ぱっとやって、九月の予選に出しているんですけど、落語って、一年くらい寝かした方が、我慢したほうが、覚えたてのものより、いい慣れたもののほうがいい」

それくらい時間のかかるものだからだ。先日の相模原の落語会の予選で二位となった。そのときに一位だった三遊亭歌太郎が、「面白い」といってくれて、自信にもなった。ここで、絶対に負けないだろうなと思えるようになったから、きょうも、そのつもりでやっているし、どこでやってもうけるし、ただ、もっとゆっくりとやったほうがいいとか、走っちゃわないほうがいいとか。きのう、大阪からの帰りに、酔っ払いながら、尻取りを作っていた。それもこれも、もっと自分の作った噺を面白くするためだ。

生姜《ショウガ》のあとに、外国人力士にしようとか、がっぷり四つにしようとか、化粧まわしにしようとか、清美ちゃんも、相撲用語になっているというような、とはいえ、小学生の女のコがいえるようなものにしないといけない。最初は、ビネガーだったのが、「そんなのいわねえな」と、それなら、ビキニにしようとなった。それも日々、変化している。

今回のR-1ぐらんぷりのおかげで、見つけたことが一杯あった。負けて、悔しくて仕方がないけれど、それが今の自分に生きている。R-1ぐらんぷりに出るために、噺を三分間にして作っていたけれど、やはりもととなる噺の十分間ののほうが面白いなと、とむは自分でも思う。意外と、落語にむいている噺を自分ではつくれたのかなと思う。噺の展開もある。

「ぼくはいいマラソンシューズを持っているのに、それを短距離走にばかり試していたけど、短距離走で試したことによって、土踏まずの使い方を見つけたというような、そんな感じだと思う」と、とむはいつものように、今の自分のことを例え話で話した。常にそうして、何かの例え話で話すことが好きなとむだが、そのことが分かりやすいかといえば、そうでもない。しかし、とむのなかでは、自分を表現するときには、そうした例え話をすることで、相手に伝わっているのだと思っているようだ。

テレビドラマなどでは、中心人物は当然ながら、画面の中心に映る。それ以外の人たちは、画面からはみ出したり、切られたりする。そのことを、業界では、「見切れ」という。

大河ドラマ「いだてん」に、エキストラで出るのは、とむにとっては、屈辱以外の何ものでもなかった。「すごい厭だったたし、何度も降りるといったたし、文句もいったたし、怒られましたけど、エイベックスの人に。そこは持っていてもいいプライドだと思っている」という。「何で、おれはこんな扱いをされないといけないのか」と、とむの怒りは収まらなかった。

それでも妻にいわれて、しぶしぶ「いだてん」の収録に参加した。悔しいのは、落語でどんなに頑張ろうが、「いだてん」に出て、ちょっと映ったほうが盛り上がることだった。今回は、そのことにも、気付かされた。

「箔《はく》が付くし、嬉しいですし、世の中って、これが現実で、二ツ目の誰が落語がうまいとか、ぼくの新作が良いとか、どうでもよくて、結局、テレビで、世の中に認知されている人が出ることに、かなわない。こんな小さな、ぼくが馬鹿にしていた、こんなに世の中が動くし、逆にぼくは、お笑いのときに、ぼくは出ていたんだから、あれをもっと大事にしておくべきだったなと、いまさら、それがあるから、今でも知ってくれている人がいるし、いろんな人がいるんで、それはそれで超、ありがたい。『いだてん』は、自分が出ているところが分かっているので。長いことやっていると、自分で勝手に作り上げてきた、変な教科書が、邪魔したかなと。理論武装が邪魔したかなと。若いうちだったら、単純に面白いところを出す。若かったり、藝歴が浅かったら、裸足だろうが、草鞋《わらじ》だろうが、何でも関係ないじゃないですか。藝歴が長くなれば、『いや、おれはマラソンシューズじゃなきゃ』となるけど」と、とむは一気に話した。

大河ドラマの収録では、今回、エキストラの人たちにも、とむは現場で新しい面を気付かされた。

「あの子たちはがむしゃらだから。オレもそういう時期があったなと。だからといって、あの子たちと同じことをやっちゃあ、駄目だと思う。それを恥を忍んで、それこそ恥ずかしいですよ」

とむは、それを思い出したかのように、スマホでかつてのドラマの映像を映した。主人公のすぐあとに、末高斗夢の名前が、単独で出てくる。普通にドラマに出ていた。それが今は、エキストラだということをいう。

「これもまた人生だし。これをどう使うかというか。全国を回っていても、『頑張っています』といっても、『いだてん』の見切れに勝てないというか。北海道のおそばやさんの落語会のあとで、その日がオンエア日だったから、みんなで『いだてん』を見ながら、名前が出ただけで、みんながキャアキャアいっているわけですよ。ああ、こんなに喜んでくれるのかと。みんながこんなに、テンションあがってくれるのかと。じゃあ、恥ずかしいことといっていられない。そういうこともあって、もうなりふりかまわずに、落語は落語で、もうあるんだから、やれることは分かっているんだから、それはもちろんやる。お笑いのときも、最後は駄洒落《だじゃれ》に固執《こしつ》してしまっていて、それはできるのは分かったよといわれていた」という。

それはやっていけばいいしと、とむはいう。落語家になって、最初で、R-1ぐらんぷりにいって、よくいったなと、あのときのほうが、がむしゃらだったのかも。自分のなかでもまだ履《は》き慣れてないマラソンシューズを履いてなりふり構わずに走っているのが逆によかったのかなあと、とむはしみじみといった。

3　スーパー落語

次は、まずは、十月のスーパー落語だ。二月一日から、ぽっかりR-1ぐらんぷりの敗退であいた穴を埋めるように、三遊亭とむはチケットを毎日十枚ずつ売っている。主な販売方法は電話でセールスして、チケットを売っている。今回は、結構売れるのだという。値段のことに関係なく、順調に売れている。

「ほんと、すみません、今回、マジで。スーパー落語なんで。宙乗りしたりするんでと。ぼくも強気でいえます。一枚。そこを何とか四枚といえる」

意外と、平日なのがいいのではないかと、とむは分析する。千五百枚を売らないと東京フォーラムでの落語会が成立しないからと、自身でチケットを売る。事務所が売ってくれるとか、誰かが売ってくれるとかではないのだ。

「誰も信用できない。自分でやんなきゃ。よく勘違いするが、事務所に入ったから売れるもんじゃないですからね。売れたものを扱うのが事務所ですから。事務所はきっかけはくれる。チャンスを。それをものにするのは、ぼく自身だし、集客に対しては、対人ですから。ぼくみたいに、落語界に愛されてというのもないし。そこは自分の人脈で買ってもらうしか方法はない」

とむのやり方はこうだ。これまでに出会った人のリストの「あ」行から執拗《しつよう》に電話をしている。前の落語会のリストを見てさらに電話をしている。電話をすると落語会をやることを知っている人もいるし、知らない人もいる。

「世の中の人は、そんなに人に興味はない。結局、ぼくの藝のファンじゃないので。ぼくのファンであって。だけど、あいつのやることは面白いよと。だから、行ってやるかと。そういうところもあるので。でも、ぼくの場合は、もうちょっと刺激がないとおざなりになっていっちゃうので」

とむはまだ十月の落語会の噺について考え続けていた。

「うちの師匠の『親子酒』は面白い。(三遊亭)好太郎師匠の『親子酒』も。うちの一門の覚えないといけない噺のような気がして、『洒落小町』をやってみようと。小道具を使って」

それと、とむが考えているのは、「ちきり伊勢屋」だった。十月の会では「妲己《だっき》のお百」にしようかなとも思っている。最初は、「子別れ」をやろうかなと思ったが違うことをやろうとするなら、「妲己のお百」かなと考えた。

《親子酒　親子ともに大酒飲み。ふたりは、酒をやめるとお互いに約束する。そこは酒飲み。倅《せがれ》が留守の間に、親父が酒を飲みたくなった。そこでおかみさんに、一杯所望。拝み倒して、一杯が二杯に。もうぐでんぐでん。べろべろ。そこに息子が帰ってくる。実は、息子のほうも出先で酒を飲んでいた。約束を違えたことで、親父は息子に、「なぜ、そうお前は酒を飲みたがる。婆さん、こいつの顔がさっきから三つに見えます。化け物だ。こんな者には、身代は渡せません」。息子は「あたしだって、こんなぐるぐる回る家は欲しくない」》

《洒落小町　がちゃがちゃのお松とあだ名される、さわがしい女房。亭主が、吉原で穴っぱいりして、帰ってこないと、横町のご隠居のところに相談に来る。昔、在原業平が、愛人の生駒姫のところに毎晩通ったが、奥方の井筒姫は、厭な顔ひとつしなかった。それどころか、ある嵐の晩に、業平が出かけようとしないのを、こういう晩に行かなければ、不実だと思われて、あなたの名にかかわるから無理をしてでも行きなさいという。業平はでかけたふりをして、様子を見ていた。井筒姫は琴をつま弾きながら、「風吹けば沖津白波たつ田山夜半にや君が一人越ゆらん」と、詠《よ》んだ。それで、業平は、愛人のところに通うのをやめたという。だから、お前も、亭主が帰ってきたら、やさしい言葉のひとつもかけて、洒落のひとつもいったらどうだという。女房は、亭主が帰ってくるとさっそく洒落で攻めるが、その洒落がくだらない洒落ばかり。あまりのくだらなさに、亭主は頭がおかしくなったと思い、あわてててでかけた。「恋しくば尋ね来てみよ和泉なる信田の森の恨み葛の葉」とやったが、これがいっこうに、帰って来ない。隠居に掛け合うと、それは、キツネの歌だという。「道理でまた、穴っぱいりだ」》

《**ちきり伊勢屋**　麹町五丁目のちきり伊勢屋という質屋の若主人が平川町の占いの名人、白井左近のところに縁談の吉凶を診てもらいにやってくる。すると人相を見て、「縁談はあきらめなさい。額に黒天が現れているから、来年二月十五日の九つに死ぬ」という。善行を積み、来世の安楽を心がけなさい、という。若主人は、番頭にこのことを話して、病人や貧民に喜捨を続ける。ある日、弁慶橋のたもとにかかると、死のうとしている母子がいた。わけを尋ねると、百両ないと死ぬほかはないという。自分はどうせ死ぬ身だからと、強引に百両を渡して帰る。吉原で、派手に遊び、お金を使い果たして、奉公人に暇を出して、十五日に葬式を行うことになる。ところが、予定の九つになっても死なない。もう一度、占ってもらうと、不思議に、額の黒天がなくなっているという。人助けをしたからだという。今度は八十歳以上生きるという。さらに、品川方面から運が開けるということで、品川で出会った幼なじみの住む長屋に転がり込み、一緒に辻駕籠を始める。客の幇間の着物と一両をふんだくり、質屋に行く。その帰りがけ、声をかけられた。あるお屋敷に付いて行く。中からでてきたのは、だれかと思ったら、あのときに助けた母子だった。母親に、礼をいわれ、どうか娘の婿になって欲しいと頼まれる。夫婦で店を再興して、八十過ぎまで長寿を保ったという。》

ともは小学生のころから、みんなの前で笑わせることに、快楽を覚えていた少年だった。中学生のときに「ボキャブラ天国」という番組があり、アイドル並にキャアキャアいわれた。タレントになりたいともは、最高だった。そうしたことを意識しはじめたのは、中学生のころからだった。子供のころから、ジャニーズの曲を覚えて、披露《ひろう》したりということはしていた。お笑いをやっていたころの後半は、嫌いだったが、落語家になって、また好きになった。それまで、お笑いがつまらなくなり、苦しくなった。好きになったり、嫌いになったりとずっと波があった。そのことに気付くのは、ずっと後になってからだった。

「今は、それが良い距離感でいられるから。落語家になって。今は二ツ目で、何となく、できていますが、近い将来、できなくなるだろうなと思っている。パイがだんだん増えてくるだろうし、先細りする可能性があるから。いいとこにはくるけど、もう一度、ブームがきて、終ると思うし、そのときに、残るためには、どうするか。そのためには、盤石《ばんじやく》な実力だ。どの世界でもそうですけど。一発屋でも、めちゃくちゃ凄《すご》いんですけどね」

かつて、一発屋といわれた人たちは、残っている。司会者として、残っている人もいる。実力のある人たちが出た時代だった。

「今、出た人も残っていくだろうし、喰《く》えない人は喰えなくなっていくだろうし。ぼくのやりかたは、我流だし、正解ではないですけど。二十年後、三十年後、ぼくのやり方は正解だったかどうか分からないですけど、とりあえずは、いろいろと考えて、あとは、もうちょっとできるようになりたい」

とむは、妻の実家の近くの千葉の稲毛に引っ越そうかなと思っていると、前回会ったとき、それもまだ一週間もしないうちに、そういった。その理由として、地域密着でやってみようかなと考えるのだという。

「東京出身の人って、いくらでもいるし。たとえば、山口の何町出身といったら、町がみんなで応援するじゃないですか。東京都新宿区出身といっても、新宿区は応援してくれないじゃないですか。もっと近くにすごいものがあるんだから。手軽なものじゃないから。手軽なのはもっとあるから。千葉が自分の田舎じゃないけど、一回、そういうものを経験してみようかなと。ぼくは東京出身だから、千葉に引っ越すことにもすごい抵抗あるんですけど。千葉の稲毛。住めば都かもしれないし。この便利さにかまけると。もう少し、苦労するべきだ。苦労することによって、良い風が吹くことを知っているんで。今年の五月は今の物件が更新なので。今の場所なら、歩いて、どこでも行くことができる。今のその便利さはネタにはならないですからね。行けなかったほうがネタにはなる。便利はネタにならない。どうやっていったかとか。酔っ払って、帰れる距離じゃない。だから、都内にいたほうがいいとも考えたけど。家賃は高いし、千葉も高いけど。オリンピックまで全体的に上がっているだろうが。時期的には悪いし。東京のはずれに住むのも何かピンとこなくて」と、とむは話した。

「ぼくはコロコロ意見が変るから」と、とむはいう。「一週間前からもう二つ変っていますからね。こないだいったことから、二つ撤回しないといけないことがある。一つは、稲毛への引っ越し、やめました。稲毛の物件が、自営業だと借りられない、ということが分かって。それだったら、いいわというので。東京オリンピック前は、やはり、家賃が高く、それだったら、今のところが便利だからとりあえずは、いようということで」

もうひとつは、次にやる落語会でのネタの変更のことだった。「ちきり伊勢屋」を高座でやるといっていたが、やめた。

「もういっこ、やりたい噺ができちゃったので。『文違い』をやる」

三遊亭好楽師匠の八枚組のCDがある。それにはとむがやりたいといっている「ちきり伊勢や」も「文違い」も入っている。それを聞いて、とむは「『ちきり伊勢屋』は長げえなあと思っていたのと、ふいと、『文違い』のことを思いだして、色っぽいおかみさんが好きだから、所作でも、『文違い』を聞いてみるかと思って、(古今亭)志ん朝師匠の『文違い』を聞いていたら、ああ、これ面白いなあと思って、そっちのほうがうまく出来る気がするというので、もう一回、『ちきり伊勢屋』を聞こうと思って、うちの師匠のものしか聞いていないから、志ん朝師匠のものを聞いたら、まくらで『あんまり、やり手がいないんですよ』とか、『あんまり面白くないし、難しい』といっている。ちょっと待てと。志ん朝師匠が難しいといっているのを出来るわけがないと。『やーめよ』と。あんな落語がうまい人が、難しいというものに手をつけるもんじゃないと。そこで方向転換をした。結構、ぼくは、思いつきもあるし、出発しても、早い時期に、やめるものもある。去年は、バスツアーをやろうと思ったけど、すぐにやめたり。名古屋でバスツアーを企画したが、これはうまくいかない気がすると思って、ツアーを発表もしたが、やはり『やめます、中止』と。そこで意固地になっていると、失敗するまでやらないといけないから。ですから、決めました。二月三月で『親子酒』。四月、五月で『文違い』という予定になりました。直感で動いているんで、その辺りは、一貫性がないので、そのぶんはブレるんですけどね。だから、よく信頼を失いますけど。仕方がないです。そうやって探していかないと。やってみないと気が済まないし、やらないとやりたくなっちゃうんで。とりあえずは手をつけてみる。そのときには、謝るしかない。『すみません』と。ぼくは、勝手に、先祖のせいにしている。先祖が『やめとけ』といっていると。稲毛に行くなと、先祖がいったとか。これは、やはり行かない方がよかったんだと、ポジティブに考える。全部、なるべくポジティブにものごとを考える。自分の意見があっている」と話した。

とむは、変な自信もあって、固まってきていたところもあったという。高座でも、もう鉄板ネタでしか勝負しなくなってきていた。どこかで冒険心がなくなっていた。冒険心が減ると、ゆとりだったり、守るものだったり、勢いがなくなるもの、目先のお金だったり、言い訳したくなるような。なかなか出ることができないようなぬるま湯だったりする。この状態が実は、一番危なくて、冷える前に出ないと風邪をひいちゃうし。もう一回、追い炊きをやっても一緒で、ちょっと出て、乾布摩擦をやるくらいの勢いで、そうした勢いがないといけない気がしてといつものように例え話をした。今ちょっと考えているといっていた。

ともは、今年が年男で、三十六歳になる。前回の年男のときには、テレビでも活躍していた。でも、前回の年男のときにも、かなり大変だった。最初の半年間に活躍して、後半の半年間は仕事がまったくなくなっていた。その落差が大きかった年だった。ともにとっては、これまでもそうだったが、どうも、年男の年というのが、大変な分岐点となるようだ。今年がどういう一年になるか。興味深くもある。

「今のぼくの能力があって、十二年前の藝能人の立ち位置があったら、残っているでしょうね。まだ遅くはないと思う」と、ともはいう。落語についても、そうだ。

「ぼくの場合は、やる気があるかないかだから。今、『親子酒』、『酒落小町』よりも、『ちきり伊勢屋』を先にやったほうがいいんですけど。それだけになっちゃうのもあれなので。細かい、短いやつを覚えていないというので。いつもなまける。自分でコントロールしないと。やっていかないと、喰っていけないですもんね。地方の仕事も一杯あるんですけど。あまり無理をしないようにしようと思って。引っ越しもそうだけど、新しいこともやりたいから。そこだけになっちゃうとあれだから。拠点でちゃんと物作りもしたい。それはそれで素晴らしいことだし、ぼくは地方で飯を食わせて貰っているんだし。でも、それだけになっちゃうと危ないと思って。次に何かをするためには、今、やらないといけない。種まきを。できちゃうことをこなすのは危ないなと。地方だと、応援してくれているけど。東京の落語家が一年に一度来て、わあわあいっているだけなんで。その人が上がっていかないといけない」

このままだと「いやあ、今年は」というようになる。今はいいけど。ぼくはやっていかないといけないんです。ぼくがこんなにふらふらしている時間をみんなは落語にかけているんですから。そんなの落語でかなうわけがないんですから。それだったら、ぼくは何をするかというと、その時間をつかって、ぼくは世に出ることを考えてやる。世に出るためには、今の時代は何でもあるんですから。そうすると、真打ちになると好転してくるような気がしている。

R-1ぐらんぷりに落ちて、しばらくは、何もやる気が起きなかった。目標を失った。彼女に振られたような気分だった。仕方ない。前を向いていくしかない。平凡なタイムでしたね。吉本でもないし、十秒、十一秒前後だったら、受かる。やっぱり、十秒前半くらいでいかないと、受からせてもらえない。

そうした話をしていると、また、十月の落語会でやる噺が変わったという。さまざまな変遷《へんせん》があり、スーパー落語は、「鷺とり」になった。なかで、とむが飛ぶのは変わらない。だから、スーパー落語だ。

《**鷺とり**　ここに出てくるのは鷺だが、東京では雁。鷺の捕まえ方。不忍池に鷺が飛来してくるので、夜、鷺が眠っているところを捕まえる。鷺の首を帯に差し込んでいると、夜が明ける。そこで鷺が目を覚まして、一斉に羽ばたく。男の体が宙に浮き、舞い上がる。目の前に、棒のようなものが見えてきて、それに掴《つか》まると、それは浅草寺の五重塔だった。僧や野次馬が集まってきて、大騒ぎとなる。僧が布団を広げて、ここへ飛べという。飛び降りると、布団を強く張りすぎていて、男は再び、五重塔の相輪《そうりん》に戻ってしまった。》

落語会は、儲《もう》からないとよくいわれる。儲けを度外視した、落語家が絶対に手を出さない落語スタイルだ。

「だって、儲《もう》からないんですから。この落語会。ぼくの落語会は儲からないんですから。儲けるつもりでやったら、こんなことはやらないですから。本当の実力と人気があったら、これをやる必要はないですから。実力と人気はないけど、何か儲けるための種まきで、その一大イベントだ。ぼくのなかでは町おこしですから。うちの村に来てもらうための」とはいっても、常に結果を出さないといけない。

「なかなか、結果って出ないんですよね。だんだんつながっていくと思う。売れていたころのほうが、キラキラしていたような気がする。怖い物がないから。この仕事は、面倒くさいことをやらなければいけないんだなと思う。仕事って、面倒くさいんですよね。エキストラもやれたんだから、あんな辛いこともやれたんだから、底辺を見たから、エキストラ症候群か。エキストラアレルギーか。次に大河ドラマに出るときには、何年前にはエキストラをやっていましたといえる。無駄なことはないですよね。辛いことの方が受けるし。だから、便利になっちゃあ、いけないないなと思う。この仕事をしている人は、何か苦しくないと。藝能界は、みたされてはいけないんですよね。悲しさや、どこかに、可愛そうとか。残念とか、下にみられないといけない商売だと思う。落語は、高貴な物になりすぎているから危ないいんですよ」云々《うんぬん》。

高貴な物は楽なのだ。落語は、今、敷居が高くなっている。それは落語会に行かない理由付けだろう。面倒くさそうとか。そうした意味では、漫才さえも、少し高貴なものになりすぎている。だから、とむは「危ないな」と、思っている。

今の時代は、すべてに余白を許さない時代になっている。だから「危ないな」と。

「ぼくは、東京の落語会のことはあまり気にしていなくて、そこは好きに、そっちでやってと」

そうとむはいった。

4　飛ぶ準備――三遊亭とむから三遊亭とぶになる

三遊亭とむは、十月の東京国際フォーラムでの高座でのスーパー落語のときに、宙乗りをするが、飛ぶ練習をするという。小田急線本厚木駅から歩いて行ける距離にある、倉庫に宙乗りの練習をする場所がある。そこは周囲をラブホテル街に囲まれた倉庫街だった。住所を聞きながら探した。地元の人に場所を尋ねても「知らないなあ」という答えしか返ってこなかった。

とむのいった名前の倉庫はなかなか見つからなかったが、歩いていると大きく扉をあけたある倉庫で、何か作業をしている六、七人の人がいた。そこに、高さ十メートル、横の移動が十五メートルほど出来る装置があり、上から、ケーブルが降りている。大がかりな装置だ。念入りに点検が行われていた。やはり人の命を預かっているから、真剣だ。みんなが揃《そろ》って、とむの到着を待っていると、とむからは、「財布を忘れて、スイカだけなので、お金がなく、タクシーに乗れないので、バスで向かっていて、少し遅れる」と、連絡があった。そうしたところも、とむらしかった。とむには決して悪気《わるぎ》があるわけではない。いつものようにいつもの通りにやっているだけだった。

この初めてのとむの宙乗りの稽古を見に行くときに、本厚木駅からの約三十分の道を歩きながら、考えていた。三遊亭とむの宙乗りだから、「飛ぶ」と「とむ」を引っかけて、「三遊亭とぶ」というのはどうだろうと、駄洒落《だじゃれ》を考えていた。ダジャレのお笑いで始めたとむだから喜んでくれるかもしれない。それと宙乗りで、落語家だから、どこかで、オチがないといけないのではないか、そのほうがお客さんは笑ってくれるのではないかと自分でもくだらないことを考えながら、次第に歩いて、汗が出てきて、疲れて、思っていた。

少し遅れて、とむがやってきた。倉庫内一杯に響くように、元気な声でみんなに挨拶をする。「本厚木駅でコーヒーを買って、気付いた」と財布を忘れたことを説明しながら、みんなに頭を下げる。まあ、遅刻だったがそれほど遅れてはいない。すぐに着替えて、宙乗りの稽古に入る。最初は、座布団の上に座って、そのままで上に上がっていく。とむ、初めて「飛ぶ」だ。人力で上に上がる。不思議な感じだ。

「あっ」「あっ」と、ともが大きな声を出す。「あっ」「あー」と、ともの口からは、短い言葉が次々に出るだけだ。人間は本当に驚くと、声も出ない。「怖い、怖いっ」「まじかいな」と、ともの声が、倉庫のなかに大きく響く。表情もこわばっているのが分かる。ハーネスをつけていて安全だとは頭で分かっても、体が初めてのその不思議な感じについていかないようだ。

ともはバランスを取りながら、その体が次第に上に浮くように上がっていく。体が、今度は横にすべるように動く。とまどっているように、その揺れにどう対処していいのか分からないようだ。「横は劇場と同じ」だという説明を受ける。横の動きだけでなく、前の動きにも対応できるようだ。「ダウンです」という声で、体を下に降ろす。

「自由なところはイメージ通り」と、少しおっかなびっくりの声で、ともがいう。ハーネスを付け替えて、再び、宙乗りに挑戦する。「あー、すごいすごい」と、少しだけ宙に浮いただけで、ともの声が出る。

「思った以上に動けないかも」

股関節に自身の体重がすべてかかってくるので、これから股関節を鍛《きた》えないといけない。

実際に、この後、ともは、腰の痛みを訴えた。仕事も立て込んでいたので、整体に駆け込んだ。それまでの忙しさで無理をしていたこともあるが、どこか身体に歪《ゆが》みがきていたこともあるようだった。診断はぎっくり腰で、それは自身の背骨の歪みからくるものだと医師にいわれた。宙乗りという慣れないことをやっただけでなく、身体の痛みとも戦わなければいけなかった。それでも十分間の治療で痛みはなくなった。「名人です」と、そのときの治療で事なきを得たとその後、話していた。

「ピーターパンすごいなあ」と、実際にとむは自分が飛んでみて初めて分かるようだ。

「これで落語やるのかあ」と、とむの口からは自然と声が出る。

何度も、左右に動く。今度は前回り。その動きにもやり方がある。そのひとつひとつをやってみる。それを何回か繰り返すと、くるくると回ることができる。その動きをやりながら、「怖い、怖い」「む　ちゃく　ちゃ　怖い」と、自然と声が出る。「面白くなりそう」「絵的に、笑いが取れるものをどう取り入れるか」

最後に一点で結ばれているハーネスで宙乗りを行う。

厳しい宙乗りの稽古

「ああ、一点の感じがしますね」

六人のスタッフがとむの宙乗りを支えている。

「着物を着てやってみてもいいですか」と、とむが提案した。当日は、当然、スーパー落語を高座で披露するので、赤い着物姿だ。それで宙乗りができるかどうか。ワイヤーを赤い着物の横の部分から出すために、着物に穴をあけなければいけない。とむは、「穴を開けてもいいですよ」という。少しだけ、赤い着物の脇の部分を十センチほどほどけば、そこからワイヤーを出すことが出来ることが分かる。着物で宙乗りをする。どこまでも、どん欲なのは変わらない。

宙乗りをするのは、命をスタッフに預けることに他ならない。そこで信用しないと先には進めない。しかし、空中では、これまでの動きと違う動きをしたり、ハーネスが体の一部に食い込んだりするので、それにも耐えないといけない。ひとつひとつの動きを確認する。そして、すぐにとむはコツを会得していた。前回りもすぐにできるようになった。それでも、初めての経験で、何ごともそのひとつひとつが驚きの連続だ。

これまで歌舞伎をはじめ、客席から宙乗りをいろいろと見てきたとむだが、これほど大変なことだとは思っていなかった。見るとやるとでは大違いだった。

「座布団をくくりつけて、やってみたら、どうだろう」と、スタッフに注文を出す。どの見方がお客さんが見たときに、驚くか。見た目が面白いかを実際に、映像で見て、やってみる。しかし、これをうまく利用すれば、お客さんを驚かせながら、さらに楽しませることができるということを確

三遊亭とむの宙乗りを支えているスタッフのみなさん

認できていた。それには、どう噺に宙乗りを利用するかだ。ただ飛ぶだけでは、見ている側も面白くない。宙乗りを利用して、自身の落語をどう見せるか。だからそれがスーパー落語で、ただ飛ぶだけではなく、それをいかに面白く見せるかだ。そのことを考えて、これから実際に自分で台本を作り、噺のなかで、宙乗りをどう利用するかをさらに考えることになる。

すでに、高座での噺のなかで、どう宙乗りを利用するのか、とむのなかではだんだんとそのことも次第に固まってきているようだった。

宙乗りのその動きも次第に、自分のものにしている。だから、その見え方まで、とむには気になるようだ。

とむにとっては、ただ飛ぶことが目的ではなく、お客さんを驚かして、さらに自分が羽ばたかなければいけない。そのために、お金をかけて、お客さんに、高座を楽しませる。

最後に全員で揃《そろ》って、記念撮影をして、この日のとむの初宙乗りは終わった。これから、さらにとむは羽ばたくことになりそうだ。

第六章　終われない

1　喉が痛い

　その年（二〇一九年）の六月末、三遊亭とむは、喉《のど》の調子が悪いことに苦労していた。常に、声が出ない。声がかすれたようになって、高座では元気だが、声だけがどうも本調子ではなかった。とむ自身にはその理由は自分なりに分かっていたが、それでも、忙しく、仕事は続けていた。

　それまでは、どんな時でも常に忙しく慌《あわ》ただしく、電話でやりとりをしていたが、そのときにはできるだけ声を使わないように、メールでやっていたほどだった。それくらい、喉の調子には気をつけて、できるだけ、声を出さないように注意していた。

「弟弟子たちは喜んでいるかもしれない」と、声を出さなくなったことをそうとむはいった。

「いつも電話すると、最後は必ず（弟弟子たちに）説教だから、それがなくて、みんな喜んでいる」

と、とむは少し気にしたように小さな声でいった。

「お行儀が悪いけど」と、喫茶室で出されたコーヒー用の小さなカプセルに入ったミルクをあけて、飲み干した。とむの喉がそうした喉にやさしい柔らかいものを欲しているのだろう。それだけ、とむは、その頃、喉のことで苦労していた。

一度、ここまでのことを書いて、まとめて本にしようと、東京フォーラムでの会の前に出版しようとしたが、とむがそれに「待った」をかけた。まとめたものを読んでみたが、自身ではそれを読んで、自分が何者でもないので、本が何者でもないものになっている、というのがその理由だった。

それなら到達地点を変えようということになった。とむは、自分でも今のままでいいとは思っていなかった。それなら出版は二年先の真打ち昇進のときがいいのか、ということになった。それでも二年先に、本当に真打ちに昇進できるかどうかは分からない。まだ上に、多くの兄弟子たちがいるのだ。その人たちが昇進しないと、とむの順番はやってこない。年功序列の圓楽党では、ほぼ昇進の順番が決まっていて、次に自分がいつ真打ちになるかがだいたい分かる。

「自分が駄目なのだ」と、とむはいう。三遊亭好楽師匠はそうは思っていないかもしれない。

「本当なら、飛び抜けて、真打ちになるくらい活躍していないといけない」

自分は師匠の期待に応えていないと、とむは考える。兄弟子たちを抜き、抜擢されて真打ちになるほうが、兄弟子たちにも刺激になるのではないかと、とむはいう。

「師匠にいってくださいよ」と。とはいうものの、なかなか、そうはいかない。

あるとき、とむは、珍しく、「鷺とり」がうまくいっていないことを私の前で愚痴《ぐち》ったことがあった。とむは普通、あまりそうしたことを口にしないだけに、ああ珍しいなあ、と思った。それだけとむが悩んでいるのが分かった。

どうも高座で披露しても、あまり笑いが取れないことを気にしているようだ。どうして、うまくいかないのか、自分でも面白い噺だとは思っているものの、それがうまくお客さんには伝わらないようだ。

「何が違うのか」とむは悩んでいた。桂枝雀の落語だと受けている。自分の高座は受けない。同じ噺をやっているのに、そのどこが違うのか。

「落語を信じていないから」だ、とむはそのことを分析していう。自身では、そのこともよく分かっている。それで違っているのだという。自分の噺では笑いが取れない理由はそこにあるという。自身の落語に対する根本的な部分に関することだった。とむは、落語という深い闇に包まれたかのようだった。

2　宙乗り最後の稽古

東京フォーラムのイベントで披露《ひろう》する宙乗りの最後の稽古が直前の十月九日午後、神奈川県厚木市にある倉庫にスタッフ約三十人が集まり、その前に最後の打ち合わせをしていた。

そこでのとむは少し疲れた表情で、どこか緊張しているようにも見えた。というのも、ここでの演出もすべて、三遊亭とむひとりが行っていた。ここでは、スタッフ全員にその意志を伝えることが目的でもあったからだ。自分が演じて、しかも、自分のやりたいことをスタッフたちにはっきりと伝えなければいけない役を担《にな》っていた。

倉庫街には似合わない三味線の音色も聞こえていた。下座《げざ》さんのそばには、とむの弟弟子の三遊亭らっ好と三遊亭じゅうべえが控えていた。太鼓の係と全体の手伝いのためだ。天気は良かったが、周囲に配慮して、三味線の音が周囲に聞こえないように、シャッターを降ろして、扇風機は回っているもののまだ夏の暑さを引きずっていて、暑いなかでのリハーサルとなった。

稽古の冒頭、とむが空中から飛んでくる。それでお客さんの度肝《どぎも》を抜くという演出だ。座布団に座ったままで、宙を飛びながら、登場する。会のはじめから通してやってみる。何よりも、宙乗りのきっかけなど、細かい部分をスタッフ全員が共通に認識するためだ。とむは宙乗りだけでなく、スタッフの前で落語も初めて披露した。『ん』の無い女」を中央の高座で、一席。スタッフみんなが聞いている。実際に初めてとむの落語を聴くスタッフもいるようだ。

ずっと悩んでいた「鷺とり」をやめることに決めた。何度か高座にもかけたが、自分が思っていたようにはうまくいかなかった。なので今回はやめた。

午後二時に、いよいよ宙乗りのメインとなる「天狗裁き」を通しでリハーサルする。ここでは天狗の羽団扇《はうちわ》に飛ばされて、江戸の町なかの宙を飛ぶというシーンだ。宙を自由自在に飛ぶ。

ともが松の木に飛び乗ったり、さらには、宙で回転したりするシーンとなる。この空中での動きが重要になる。それが終わり、ほっと一息つくように、ともは水を飲んだ。三次元の空間で、体を締め付けられていて、自由がきかない状態で、体をどうすれば、宙で体の向きを自由に変えられるか、指導を受けている。ともはもともと、運動神経が良いだけに、少し慣れれば体は空中でもかなり自由に動くようだ。すぐにそのコツを掴《つか》んで、「なるほど」というように、ともは自由に宙を動いていた。それでも勝手が違うのか、その動きはやはりどこかぎこちない。まだわずか数回の稽古で、それは仕方がないことだった。

ともは空中での稽古が終わると、しきりに水を口に含んでいる。締め切っている倉庫で、次第に室温も上昇してきているのが分かる。しかも、ここでは喋り続けているのはともだけだった。ときに、その喋りをやめて、いろいろと自分の思った通りにやってもらうために、指示も出さないといけない。プロデューサー役でもある。ここでは演出家でもある。一人で何役もこなさないといけない。自分の会だといっても、落語家が高座でただ喋るだけの会ではないから大変だ。

手伝いに来ていた弟弟子の前座が今夜寄席があって、時間がないことを言いにくそうにともに伝えた。

「オレが言うから大丈夫だ」と、弟弟子にいい、ここでのリハーサルを続けることになった。その言葉は、自分が今、何が大切なのかをしっかりと伝えていた。

「妲妃《だっき》のお百」をともが通して、語る。スタッフのみんながじっと聴いている。

「見せたいのは、実は、宙乗りではなく、最後の『妲己のお百』なんですよ。自分の落語を今、信じることができるようになったような気がする」と、とむはいった。確かに、とむはどこか変わりはじめていた。ただ、世間をお客さんを驚かせるのではなく、自分の信じる落語の道を進みはじめていた。

3　東京フォーラム当日

二〇一九(令和元)年十月十六日。いよいよ、当日を迎えた。この年、何度も日本を大きな台風が襲い、全国各地で大きな被害を受けた。

三遊亭とむのこの年、最大のイベント「三遊亭とむ独演会　スーパー落語ラブファントム」が東京フォーラムで行われることになっていた。その前の週末に、台風19号が関東地方を襲った。数日前から「何十年に一度の大型台風」ということを気象庁は台風が上陸する前から、これでもかこれでもかと、何度もいい続けていた。そのために、誰もが気をつけていたにも関わらず、それを上回る規模の台風が上陸して、多くの河川を氾濫《はんらん》させて、被害を大きくした。

この日、スタッフは朝八時から、会場でステージ作りを行っていた。私とカメラマンのムトー清次さんは初めて東京フォーラムの楽屋に入るのに、どこが入口か分からずに周辺を歩き廻っては閉まったままのガラスの扉を動かそうと試みた。やっと入口を見つけてなかに入り、関係者を見つけることができた。そこでも今度は厳しいチェックを受けた。

　とむが会場に入ったのは、正午前だった。いつものマスク姿だったが、数日前からの風邪《かぜ》がやっと治りかけて、何とか声も出るようになっていた。いつもなら真っ先に着いているとむだったのでそのことを訊いた。

「いいんです。みんなに任せているから」

　いつもなら先頭に立って、仕切っている姿を見るのだが、この日のとむは、風邪のせいもあったのか、いつもとは違い、肩の力が少し抜けていたように見えた。風邪が良いほうに作用しているようだった。

「今回、想定外が二つあった」と、とむは、話し始めた。風邪はすぐにわかったが、もうひとつは、やはり台風だった。数日前に来たが、それが少し遅れていたら、もっと大変なことになっていた。

「今回、台風で来れないかたも何人かいらっしゃる。長野からのかたも来れないし。台風でニューヨークから帰って来れなかった人もいるし」

　台風が大きく影響したことは間違いない。それでも、こうして開催にこぎ着けた。

「今回は周りがもり立ててくれましたね。この一年、このことがあったから」と、どのページも真っ黒になっているスケジュール帳をめくりながら、とむはその日々を思い出しているようだった。

このスーパー落語についてとむは、計画から何から自分ひとりだけで行ってきて、集客も自分でやった。失敗も成功も全て自分ひとりの責任ということを意識せざるをえないように、まるで自分をした。

追い込んでいるかのようだった。

「スーパー落語をちょっと続けていこうと思う」

ここでやるかどうかは分からないがと、付け加えながら、まだ会が始まってもいないのにそう話した。

「これが自分でやれることのひとつかなと思って」とはいうものの何から何まで自分ひとりでやる。その大変さは、やってみたものにしか分からない。「地獄ですよ」と、さらっとした言葉でとむはいう。お客さんが入るのはひとりひとりに手渡しや、電話を掛けて、チケットを一枚ずつ、売った結果だ。もう一度、手帳を繰りながら、そこに書かれている文字を見て「これは裏切らないですからね。これを見ると、頑張らないといけないと思う」という。思い出に残ることも多い。「あの人が来てくれた」「あのスタッフさんが来てくれた」と、チケットを買ってくれた人についてひとりひとりの顔と名前を思い出すように話す。

前日、ひとりだけで一度すべてを通してやるつもりだったが、体調が悪かったのと、子供が邪魔《じゃま》をしたことで、落語の稽古をすることはかなわなかった。それでも、そのことを笑顔で話した。いつもよりも、とむは肩に力が入っていないのがよく分かる。

「だから、寝ました」と、笑いながら話した。

ホールのステージでは、忙しく、弟弟子の三遊亭らっ好たちが動き回っている。こちらは楽屋のとむとは違って、みんな、真剣な顔でいつもと同じだった。そうはいっても本番までの時間が迫ってくるなかで、時間に追われながら、リハーサルが続くことになる。

「飛ぶ稽古が三回」といいながら、とむは最後のリハーサルまで、緊張感が高まってくるのが分かる。そこで何とかなると、とむは感じていた。

「嫁に、本番疲れちゃったら、どうするのと心配されている」

午後一時からフライングのテスト。三時半から通しのリハーサル。午後六時から七時がお客さんへの挨拶。そして、その間に記者会見も予定されていた。分刻みのスケジュールだった。

「これのおかげで、古典落語に対する見方も変ったし、落語をちょっと信じてきた。自分のなかでスーパー落語というものがあるからでしょうね。そのためにも、古典落語をしっかりとやらないといけないということがあるからでしょうね。飛ぶから面白いね、というのではなく、飛ばなくても面白いねといわれないといけない」と、とむはいう。

「どこに行きますか」と、とむに質問した。これまでとむは、ひとつずつをこなしてきて、さらに次の高みに向かって、大きな目標を自分で作っては、それを実現させてきた。その際、必ず、口に出して目標を掲げることを自分に課して、追い込んできた。そして、必ず実現させた。

「真打ち披露で、師匠を含めて全員でフライング」と、とむは笑った。

「みんなで飛んだら、超面白い。（真打ち披露）口上が天から降ってきたら」

さも、面白そうに、とむはいう。

「先週師匠にいったんですよ。『師匠、フライングしてきます』って。そしたら、『いいね、これからは宙乗りの時代だね』って」

その言葉を発した好楽師匠の顔が目の前に浮かんできそうだった。そういって、思いだしたように「電話しよ」と、とむはすぐにスマホを取り出して、好楽師匠に電話を始めた。とむは思いついたら、すぐに行動に移す。

この夜、好楽師匠は仕事で会場に来ることは出来ないが、師匠の知人たちが揃《そろ》って東京フォーラムにきてくれることになっていた。

「師匠、とむでございます」と、スマホで話す。「まだ宙乗りしてないです。きょうの夜です。これから三回、リハーサルします。頑張ってきます」

話は、そこまでで、それから週末に予定している競馬観戦に来る人たちのことを話していた。いつものように最後は競馬の話で終った。

「何にも興味ない。宙乗りよりも、競馬」と、とむはそう言いながら、どこかほっとしたような表情をした。「らっ好さ、俺、きょう、ぴりぴりしない気がする」と続けた。

「心が広くなった」というと、「子供の前で怒ったりすると、また奥さんに怒られる」と、笑わせた。心配事はないのかとそう尋ねると、「まだ喋る内容とかしっかり覚えていないから」という。

心配なことがないわけではない。まくらとか、三味線や太鼓の音を使うところも、一度も合わせていないことも心配すればきりがない。そうして話している間も、ひっきりなしにとむのスマホにはラインがきていた。そんな話をしていた十分間に、二十一件のラインが来ていた。そこだけはいつもと違っていた、周囲も今回のイベントのことを心配しているのが分かった。

　とむは風邪についても、子供に貰ったものだから、だれにも文句をいえない。そうしている間も、うがいを何度も行う。

「これくらいで良かった。もっとひどい熱でも出たら取り返しがつかなくなっていたかもしれない」という。とむの厳しさはみんなよく分かっている。それを意識してか、とむは「今日は怒らないから」と、冗談ともつかずにいう。

　遠くからのお客さんは、札幌だったり、新潟だったりと、その地方で落語会を行っているところからだ。台風が来たことで、直前の落語会で、ネタの最後の稽古をするつもりだったものが、落語会自体が流れて、高座での稽古ができなかった。

「あとはいくら赤字になるか」と、少し心配そうにいった。この公演にはおカネがかかっている。お金についてはいい。森光子のでんぐり返しと同じで自分のものになればそれでいいのだ。

「妲己《だっき》のお百」のネタが自分のなかに入っているかどうか。「あれは怖いですよ」と、「あれは」といわれるかどうかだという。これを自分のライフワークにして、少しでも階段を上れたらいいなと、とむは思う。

「これを真似するような人が出てきて、またそれをひっくり返すようなことができればいいなと思う」どんどん大きくなれば、また次をということになってくる。「小林幸子さんみたいになってくる」と、とむは笑った。

ここにくるまでに「『妲己《だっき》のお百』は何回くらい高座にかけているか」と、訊いた。これほど大きな会場で多くのお客さんの前で大きなネタを披露《ひろう》するのだから、すっかり自分のネタとして自信を持っていなければ、いくら度胸が据《す》わっていても、高座に上がることすらできないだろう。

とむは手帳を繰り始めた。しばらく手帳をじっと見ていた。

「一回、二回……八回」と、高座にかけた回数を数えていた。

「意外と少ないかも」と、自分でも驚いたようにいう。「最初は『死神』をやるつもりだったから」とはいっても、すぐに「（これまで高座にかけた回数が）八回には思えない。一回一回がこの噺は辛い。きょうのリハーサルでは通してやる。心配だから」と、言い聞かせるようにいった。

「『妲己のお百』については、稽古を付けて貰った、（立川）談修師匠に、もう一度、見て貰った。これまでにそうしたことはなかった。そのときの注意点を書いたメモを取り出した。そこには、自分で書いたメモがあった。

「もう一回、なおすところを教えてもらって。チェックして貰った」

昔から落語家は、噺を自分のものにするために、師匠をはじめとして、稽古を付けて貰う相手から一度、噺を通してしてもらい、さらにもう一回、噺を聞いて、最後に自分が相手の前で噺をして、「ＯＫ」が出たら、人の前で高座にかけることができるという決まりがある。噺は長い間、多くの落語家によって、練りに練ってやっとひとつの完成した噺になって古典落語となってきた長い歴史がある。立川流では入門して最初に「道灌」を教わる。それは柳家ではそうだ。立川談志が入門してきたばかりの弟子に対しては、最初のころは、当然、稽古をつけていた。その後、弟子が多くなると、自分で稽古をつけることも少なくなったが、一緒に旅に出て、気が向くと夜中でも弟子を呼んで、噺の稽古をつけたりした。そのとき「思い出作りだ」といったりした。談志の弟子になって、師匠から、この噺を教わったという思い出を作るためだった。そうしたときも、談志は、自分はこの噺は誰々師匠から教わった。そのときにはこうだった、それを今自分はこうやっていると、二通りのやりかたをきちんと伝えた。そうすることで、噺が過去の歴史からずっとつながることになる。そうして古典落語は古典として脈々と続くことになる。

普通、落語家は、一度、稽古をつけて貰った噺は、もう自分のものとして、また稽古をつけてもらうことはない。

こうして、稽古をもう一度つけてもらうということはあまりない。それだけやらないと、まずいと思ったからだった。「妲己のお百」が難しい噺であるということでもある。

「自分の演出はだいぶ違っているし、(談修)師匠に甘えた。それだけぼくが真剣だから。下手なものは見せられないから」

もう一度、頼んで稽古をしてもらったのは、とむのスーパー落語でお客さんに本物を見せたいという想いからだった。

「談修師匠にもう一度見てもらって、『すごく良くなった』といってもらった」と嬉しそうにいう。

「やってきたのがすごく分かる」と、談修にはいわれた。

その上で、細かい点を指摘してもらった。

「これ違っていた」とか「こんなこと師匠はいってなかったんだ」ということが出てきていた。

「妲己のお百」という噺は難しく、芝居仕立てでやっているので、怖いといわれる。さらに長い噺なので、最後は疲れ切ってしまう。

4　本番直前最後のリハーサル

流れのなかで三遊亭とむが気になっていたのは、やはり自分以外の他の人に頼る部分だけだったのだろう。弟子たちに頼んだシーンがあった。冒頭、スポンサーを紹介する。スポンサーの名前が描かれた幕を持って、ステージを回る。彼らにとっては、その場で初めて自分の行う役割が分かった。

大相撲で、土俵を回る懸賞の幟《のぼり》を意識してのスポンサーの紹介だ。

協賛企業や個人の紹介の旗を持った弟弟子たちが、その手順をみんなで動く段取りを行っていた。それもお客さんに、笑いを提供しながら、紹介する。スポンサーが多く、一人が何回も幟を持って登場しなければいけない。段取りをきちんとしなければ、すべてを紹介できない。そこに、笑いも生まれない。みんなは緊張しているのが分かる。

リハーサルで一度だけ、とむの怒声がステージに響いたのは、弟弟子のひとりが、「お仲入り」という声を遠慮勝ちにいったときだった。とむは「大きな声で、遠慮するな」と、その声にみんなが驚いたほどの大きな声でいった。

何回目かの宙乗りで、首を痛めて、本番当日になってもとむは薬を塗りながら、首を回している。誰かが持っていた、湿布薬をとむに渡す。とむは、それを貼りながら、打ち合わせを続ける。最後までステージを盛り上げるには、どうすればいいかと、本番直前のリハーサルでも試行錯誤が続いていた。

午後三時半から、通しのリハーサルが行われた。これが最後のリハーサルだった。緊張しながらの高座が始まった。とむの表情には、どこか陰りが見えた。

「妲妃《だっき》のお百」の途中で声が出なくなり、しきりにとむは、水を欲しがった。届けられたペットボトルの水を何度も口に運んだ。喋りっぱなしだから、喉が渇《かわ》くのかと思ったら、違っていた。緊張からのストレスで声が急に出なくなっていた。

本番の始まる前に集まったマスコミに向けて、記者会見が行われた。こうしたPRも大切な仕事だ。本番前だが、多くの人にも知ってもらうためには、仕方がない。集まったマスコミ関係者には、サービスをしなければいけない。その多くが、落語の担当者だから、これからも長く付き合っていかないといけない。それもこれも商売だ。一般紙やスポーツ新聞の記者が、とむを囲んだ。狭い部屋に多くのマスコミが集まった。いつもの落語やお笑いを担当する記者やカメラマンたちだった。

それまで疲れた顔をしていたとむは、カメラを向けられると、一気に笑顔を作り、何もなかったかのように、大きな声で話し始めた。

「今回は特別な演出は」という質問に、「まずは宙乗り。フライング落語というのは、落語界では初めてだとか。誰かやっているのかなと思ったらだれもやっていない」

「年配の名人上手はやらない」と、とむは記者を笑わせる。「肉体的にも若いうちしかできない」

ジャニーズを意識していること、スーパー歌舞伎を見に行ったことを話す。いつかやってみたいなと思っていたが、思った以上に、大変だった。本番前の稽古で筋肉がぱんぱんになるとは思ってみなかったと話した。

「もう落語どころじゃないな」と、いかにジャニーズが運動能力が高いかということを話す。好楽師匠は見に来ないが、師匠に、「宙乗りします」と報告した話をする。「これからは宙乗りの時代だね」といったと記者たちを笑わせる。

それを受けて、真打ち昇進のお披露目では、出演者全員で宙乗りしながら、口上をやりたいとまでエスカレート。宙乗りについても、自分では見ることができないので、弟弟子たちからの「良い感じ」という「よいしょ」だけが頼りだと話す。

千五百のキャパがしきりに話題になる。そのキャパでお客さんを満足させるのは大変だと誰もが分かっている。だから映像でも魅せることを意図していることを伝える。これからも、普通の落語家は口で説明することを自分は映像や物を含めて立体化してお客さんに見せることも考えていきたいと話した。

真打ち昇進について、話が及んだ。

「普通、弟子から師匠に、そうした話をしないが、師匠に『真打ちはいつごろ』と聞きましたら、『お前は駄目。売れなきゃ駄目』と、一番難しいことをいわれた」と記者を笑わせた。その上で、落語ブームといわれていることで、お客さんも増えているので、自分も違った色を出していかないといけない、と答えていた。

会見後の写真撮影ではカメラマンからはしきりに、宙乗りを意識して飛んでいる格好のポーズを要求されていた。

5　東京フォーラム本番スタート

開演を知らせるベルの音が会場に響いた。まだ少しざわついているのはいつものことだ。自分の席を探す人、落ち着かない様子で周囲を見回す人、それもまたいつもの風景だ。ステージの緞帳《どんちょう》の後ろ、上手《かみて》側では、三遊亭とむが開幕の準備をしていた。とむの弟子たちも、いよいよ始まるこれからに少し緊張して、自分の役割を行っていた。とむが上手で宙乗りするための座布団に座り、予定の位置についた。「一番太鼓入ります」の声が響いた。緊張感がどんどん高まってくる。「やばい」短い言葉がとむの口から出る。だれも黙っている。ジュースを二口飲む。少しも落ち着かないようすだ。いつ始まってもいいように、みんなが幟《のぼり》を手に持っている。ライトが落とされている高座の袖で時折、何かを探すようにペンライトの光が交差した。

緞帳が上がる前の高座の袖の緊張感はどんな時でも同じだ。小さな会場でも、さらに大きな会場になれば、その一瞬の静けさがさらに緊張感を増すことになる。

固唾《かたず》を飲むという言葉があるが、ステージの上手側にいるスタッフをはじめとする関係者は、誰も何も話すこともなく、その瞬間を待ち続けていた。緊張がさらに高まってくる。

いつもの落語会のように太鼓が打ち鳴らされて、三味線の音で会は始まった。

大太鼓の音が腹に響くように打ち出され、スーパー落語の始りを告げた。それは今のとむの勢いそのままのように聞こえて、お客さんの魂までを刺激した。

大太鼓の音がやんで、「どうも」といいながら、宙乗りのとむが登場して、舞台を上手から下手へ、また下手から上手へと宙を飛んだ。しかも、その姿は、座布団に座ったままで、いつもの赤い着物が宙を飛んでいた。お客さんも大喜びで、拍手が続いた。会場が東京フォーラムという大きなところだけに、ステージでの動きもいつもの落語会とは違い、広く、さらに客席からも遠いことから演者は大きな動きを要求される。そのお客さんを喜ばせるために、いつもの高座で座布団の上で演じるのとは違う楽しませかたをしなければならない。

とむが大きくステージの上の空間を右に左に着物姿で飛ぶ姿にお客さんはさらに喜んだ。そして、中央の高座にきちんと着地した。

「ぼくは大河俳優なんですよ」といって、もうすっかりおなじみになった、NHK大河ドラマの「いだてん」のことを話し始める。「いだてん」のオーディションの自分の話をする。もうこれまでに練りにねられたまくらで、笑いが取れないはずはない。NHKでのオーディションから始まる。若者たちにまじり、自分だけが三十五歳、子持ちで、さらに落語家。しかも、元おわらい藝人で、今は大手藝能事務所に所属している。むかしは、お玉と下駄でおったまげた、というようなネタをやっていたと。説明すると地獄なんですけど、と笑わせる。

どうして落語家になったのか、東日本大震災のときのことを説明する。このネタをやったときに、中学二年の子が「ぼくに向かって頑張れ」って、といったときには、大きな笑いが起きた。

「ちょっと待ってくれ。励ましに来たんだ」

そこで駄洒落《だじゃれ》を披露して、見事に、合格した。SLが走るシーンなど、撮影での大変な話をするが、実際に苦しい話ほどお客さんは笑う。オーディションが実は、エキストラのオーディションだったことが分かる。そのエキストラのなかでも頭角を表して、主役の中村勘九郎とのやりとりでさらに笑わせる。もうこの辺りも、すでに何度も高座にかけているので、鉄板ネタになっている。その後の撮影の裏話をして、「『ん』の無い女」に入る。

「天狗裁き」のまくらも、とむらしいものだった。最近は結婚して、約束の時間に遅刻することはないが、以前、目覚めたときが約束の時間だった話をする。越谷での落語会で、前の晩に酒を飲み過ぎた。自宅で起きたときには、もう集合時間に遅刻していて、スマホが鳴っていた。電話に出ると、落語会の主催者で、相手の「お待ちしています」という言葉を頼りに、自宅からタクシーを飛ばす。それでもスマホで調べると、越谷までは、ギリギリの時間。タクシーのなかで、着物に着替える。が、これがなかなかに大変で、信号待ちのたびに、タクシーの外に出て、着替える「変態となって」いた。

タクシーの運転手さんも「何の商売の人ですか」と、不思議に思っていたようで、「落語家です」というと、「それならば」と、頑張って、約束の時間までにと必死になる。約束の時間のわずか前に着いて、楽屋でみんなに頭を下げる。当日の落語会の出演者については、知らない落語家で、顔や名前を知らない落語家も多い。会場の主催者が「師匠」と、呼んでいるから、真打ちで自分よりも上の人だろうと、ひたすら遅れたことを詫《わ》びる。すると、地元のアマチュアの落語家さんだったことが分かる。

そうして、噺に入った。「寝る」という共通項で、噺を始めた。「天狗裁き」だった。

噺の途中で、太鼓の音とともに、山伏の格好をした若い女性二人とその後ろから、天狗が登場する。

手に羽団扇を持ち、天狗のお面を被《かぶ》っているのが、シークレットゲストだ。

「だれだ、だれだ。この人はだれだ」と、とむが高座でいう。

すると、正面を向いた天狗が、お面を上に上げて、顔を見せる。会場から大きな拍手。

「あなた様は」

「いかにも、躯《からだ》は真っ赤、鼻がキューイーン。この羽団扇を持っているところを見ると、分かるだろう。われこそは」と、天狗が見得を切る。

「尾美さんですよね」と、とむ。「尾美としのりさんですよね。飲み屋で、酔っ払っていて『今度、落語会に出てください』と、軽はずみでいったら、『やってやるよ』といいながら、連ドラ二本も持っているなか、大変なことになりましたね」

「あの日の約束、後悔している」

「本当にすみません」

「たわけたことを申すな。尾美としのりは、仮の姿。わしは天狗じゃ」

「天狗様。ここは一体、どこなんですか」

「ここは高尾の山中じゃ」

「高尾山」

「久方ぶりに、江戸を飛翔し、面白き話を耳にした」と、落語のネタに入り、またとむは、空中を舞った。

「お前がとちったせいで、わしが滑ったではないか」と、羽団扇を振る。ここで大爆笑。

「すみませんでした」と、とむは、高座に戻る。

そして、仲入り。

仲入り後は、本格的な落語を見せる。「妲己《だっき》のお百」に入る。その前に、高座に出てくるときに、かけ声をかけられて、その声がよく聞き取れなかったと、再び、高座の袖から出てくる。そうしたお客さんいじりもとむらしい落語会だった。

そのまくらで、とむは、「一回も笑いがない噺なので、オリジナルな笑いを作り、その場所にきたら、左手を挙げる。気づかないといけないので」と、ここでも笑わせる。そして、噺に入った。「妲己《だっき》のお百」を終えて楽屋に戻ったとむは、「疲れた」と、言葉は少なかったが、成し遂げた満ち足りた様子だった。

6　祭りの後

「疲れ切っていて、大変でしたよ」と、数日後に、三遊亭とむは本当に、大変だったのだと話し始めた。まるで全精力をこの日に使い果たしたかのようだった。東京フォーラムでの落語会のときには、風邪もひいていた。

落語会の後も、とむは、何百件とお礼の電話をかけていた。ひとりひとりにお礼の感謝の言葉を伝えた。二日間で、それを済ませるのは大変だ。会場に飾った花を贈ってくれた人たちにもお礼を伝えた。アンケートも隅から隅まで、読んだ。

総じて、「面白かった」という評価だった。なかには厳しく書いてくれた人もいた。細かく感想を書いたもの、「早口だったね」と書かれたものや、「落語の所作が甘い」という厳しいものもあった。それでも、全体的に好意的で、温かく喜んでくれていたものが多かった。

とむが、会が終わって、今、思い出すのは、ちょうど最後の通しでのリハーサルを行っていたときだった。「妲己《だっき》のお百」をやっていたときに、急に声がでなくなったのが分かった。水を貰って、喉を潤すが、それでも声が出ない。

とむは思いだしたことがあった。プレッシャがあると、ストレスから急に声がでなくなる。妻の実家に挨拶に行き、父親の前に出たときがそうだった。急にプレッシャーで声がでなくなった。それでも、実際には、これまでも声が出なくなることはあったが、本番になると不思議と声が出た。

会が終って、とむは自分なりに分析した。

「自分はセット負けしている」と。

落語の力量がまだ追いついていない。ただ、これだけ広い会場だと、お客さんの顔も見えない。それでも、年ごとに、少しずつ大きなキャパの場所でやらないといけない。それがこれまでずっと、とむが自分に課してきたことだ。だから、次は二千から二千五百のところでやらないといけない。今回は東京フォーラムCだったが、もしもここでやるなら東京フォーラムAでやる。

「スタッフのすごさに度肝を抜かれた」これだけ多くの人が、自分ひとりのために働いてくれている、ということだった。だから、どうしてもかたちにしないといけない、という思いだった。

次のR-1ぐらんぷりに向けて、「怖い話」が何とか、自分のものにできそうだという予感もした。高座で、「妲己のお百」のまくらの部分で、怖い話をまとめてみたときに、お客さんの笑いの反応が良かった。だから「よし、よし」と思いながら、噺を進めることができた。この笑いの量だとさらに次に進むことができる。

自分では、燃え尽きた。ここまで用意してきて、すべてが終った。最後の「妲己のお百」に向かって、とむは自分のすべてを出し尽くした。

「厳しいことをいってくれた人もいたが、『すげえなあ』と、思ってくれた気がする」

新作は落語でなくてもいい、コントや漫才でいいと、とむはいう。

「落語家になりすぎている」

自分でもそのことが気になっているようだ。落語が好きではない人の前で、「お笑いがいい」という人の前で、大衆に良いなあ、といわせたい。大衆に喜んで貰えるようにしたい。やはりそこでも、とむはテレビの人なのかもしれない。お客さんが増えることで、今度はモニターを使ってもいい。常に新しいことをする。二日後に、再び喉に痛みが出てきた。いつまでも自主興行ではなく、そのためにはとんとんにならないといけない。

赤字を続けてやっていっても駄目だから、せめて落語会は、収支をとんとんにしなければいけないということは分かっている。赤字では長く続けられない。自分のお金を出すことは簡単だが、それでは意味がない。売れるということとは違う。お客さんが増えていくのは嬉しい。生活ということもある。落語で生活していかなければ意味はない。かといって、数多くいる落語家で本当に、純粋に落語だけで生活している人はどのくらいいるのか。ほんの一握りの落語家だけだろう。

十一月十三日にはまた、三遊亭好楽師匠の作った池之端しのぶ亭で始める。今度からはこれまでのように無料ではなく、お金を取ることにした。

「(人間)苦労しなければ、駄目だが、苦労を苦労とは思っていない」と、とむはいう。

とむは、再び、一歩を歩みだしていた。そこでは、また新たな目標を見つけて、それを自分に課して、さらに先に進む。これまでも、そうしたことの繰り返しだった。そして、先に先にと進んできた。

ひとつの大きな山を越えて、さらに先の山を登る。そこには、かつての「おったまげたー」のお笑いのときの面影を一部どこかに残しながら、赤い着物で高座での落語家としてのとむが居た。

7　二〇二〇年元旦

二〇二〇(令和二)年の元旦。

朝は曇っていたが、風もなく、とても穏やかな元旦だった。午前九時前に、三遊亭好楽一門は、年の初めに、東京・根津にある池之端しのぶ亭に好楽師匠への新年の挨拶のために全員が揃《そろ》っていた。落語家の新年は、師匠への挨拶で始まる。筆頭弟子の好太郎から順番に好楽師匠の前に進んで行って、挨拶をする。手拭を交換する。好楽一門が勢揃いすると、三遊亭とむはちょうど、中ごろの位置にいる。

前座は真打ちや二ツ目といった上の人たちから、お年玉を貰える。とむも好楽師匠からお年玉を貰ったが、これは師匠から、子供へのものだった。

しばらく、一門でおせち料理をつまみながら、酒を酌《く》み交《か》わしている。先日、久しぶりに馬肉料理のみの家に行ったと、好楽師匠が話し始めた。

「昔、落語協会は、みの家で総会をやっていた。ああ、こんなに狭いところでやっていたんだって。落語協会は東京會舘で、藝協（落語藝術協会）は浅草ビューホテルで総会をやる。うちもいずれは帝国ホテルで」と、みんなを笑わせた。一門は終始和《なご》やかで、好楽師匠のその人柄を示しているようだ。好楽師匠が大師匠の先代圓楽の思い出話をする。

とむの年末の酒の上での失敗談をみんなで酒の肴にしながら、とむにもっと酒を飲ませようとして、笑いがたえない一門だった。とむはとむで、その夜には札幌に入ることになっていて、どうしても夕方の飛行機に乗るために、酔っぱらうわけにはいかない。

この後、恒例の圓楽党の新年総会が行われることから、用意のために前座が出かけるため、その前に一門揃《そろ》って記念撮影をする。いつの間にか、好楽一門も、これほどの大所帯になっていた。これも恒例になっていた。みんなにこやかに笑っている。

二〇二〇（令和二）年は穏やかに明けた。

平成が令和となり、明るい輝きが見えそうな予感がしていたところで、いきなり中国・武漢から

新春吉例、三遊亭好楽一門での記念撮影

の新型コロナウイルス騒動が持ち上がり、一気に世界規模で感染が広がった。日本国内でも、新型コロナウイルスの感染拡大が、日本全国に広がった。大勢が集まることを自粛するように政府が要請したこともあり、感染拡大を抑えるために、いろいろなイベントが中止になった。落語会を中止するところも次々に出てきた。

ともも予定していた全国での落語会が次々と中止になった。落語会が中止となったことで一気に収入の道が閉ざされることになった。

「一年間はもう生活できないと思っているんで。いろいろと考えたんですけどね、十何年ぶりにまたバイトでもするかなとか。あとはとむ茶を売ったりとか」

本気かどうか分からないようなとむの話ぶりだが、実際に収入の道を閉ざされている。

「みんなどうしているんですかね。若手はちょっと楽観的な感じがする。喰えない怖さを初めて知ったんじゃないかな。若い人たちは最初からお金を手にしているから。ぼくが仕事がなくなって、喰《く》えなくなったのはこれで三度目だから。一回目はお笑いのときで、一気にレギュラーがなくなったとき。二回目が震災の時。全部、落語会が飛びましたから。だから、余計に怖さがありますね」と、当時を思い出すように話す。

今回のコロナショックは、いつ終わるかが分からないから、余計辛い。終息が誰にも見えないのだ。落語会はそれを立ち上げるのはなかなか大変だが、なくなるのは早い。しかも、そうしたお笑いの世界は、最初に影響を受けることになる。落語会がなくなったことで、入ってくるものがないのだから、貯金を食いつぶすことになる。

「貯金なんてあってないようなもの。だから、毎日、お金の計算ばかりしている」と、現実は厳しい。

「アルバイトを考えている」と、収入の道が断たれて、生活していくために、何かをしなければいけない。

ともはお笑いのときに喰えなくなって、自販機ビジネスをやった。父親の歯科のところに自販機を置いて、それで喰いつないでいたことがあった。これまでに喋っていないことだった。その自販機は今も実家の敷地内にある。業者に任せているが、今も月にわずかのお金にはなっている。夏の時期に、家の前で建設工事があり、そこの大工さんが良いお客さんになってくれて、かなりの額の収入があったと笑う。

「ぼくはあの手この手で喰いつないできたから。端から見ると、お笑いで喰なくなって、落語家になって喰っているというのも、しぶといなと思われている。だから、もう一度、こうなったときには、人生が変ると思っている。真打ちになる前の良いドラマになるのはないかと思っている。あえて、苦労すると思っている」

苦しいときのことをすぐに笑いに出来ないかと、考えている。必ずどこかのまくらで使って、お客さんから笑いを取る。とむが落語家になってから続けていることだ。自分が苦しかったときのほうが大きな笑いになることが分かっている。

入ってくるものが少なくなって、何かをしないといけないときには、出ていくものも少なくする必要がある。

「改めて、この二十年くらいの本を売ってみたり、たいしてお金にはならないが、そうして、いかに最近無駄遣いしていたかが分かる。あんなに乗っていたタクシーにも乗らない。乗っても基本料金で降りる。「止まってくれ」と。それから電車と歩き。緊急時以外はタクシーに乗らなくなった。「乗らなくても、行けるんじゃないか」と、気付いた。「人間って、楽なほうに流される」ということは誰もが分かっている。

「そこまで自分を追い込んでいかないと。今回のことで」

自分のなかで、これまで当たり前と思っていたことも、もう一度、考え直す良い機会になったという。それで自分の何かやれることをやろうと思う。

「生活水準を落とす」といっても、一気に落とせない。そこでは自身の生活についても、見直している。買い物も、これまでは電子マネーで「ぴっ」と、簡単に払っていたが、出ていくお金を厳しく見直した。入ってこないのだから、仕方がない。

とはいうものの、「まだラジオがあるのはありがたいですね。それが救いですね」と話す。今回の新型コロナウイルスの騒動でも、とむがレギュラーを勤めるラジオ番組はなくならなかった。

「ぼくは覚悟として、一年の覚悟はしているんですよ。一年間は会ができないと思って、覚悟していないと危ないと。日舞がたのしくなって、長唄もやって、古典落語に邁進しはじめたところだった。稽古はやってますけど、真打ちになる前に、これからの道を考えさせられる。ぼくの場合には、メシをくっていくことも考えないといけないなあと」

今回苦労したことで、それがまた、落語のまくらにいかされる。

「変なプライドは捨てる。今回は、新型コロナウイルスですけど、また地震があるかもしれない。また同じように、どんとくるかもしれない。これはこのタイミングで、次のことを考えていないといけない。収入のこともそうですけど。この試練をどう乗り越えるかがぼくなりの、課題」

ただ、今回、落語会もイベントもそのほとんどが中止になり、落語を稽古する時間だけは増えた。高座の数も減ったこともあり、一席一席を真剣に取り組むことになった。新作落語にも、同じ気持ちだ。これまで、恵まれていたことに、いまさらながら気づかされた。古典落語についても、これまで以上に考えて、取り組むようになった。

「（古今亭）文菊師匠に教えて貰った、権助提灯がすごく楽しくて、初めて、古典の滑稽噺が楽しいと思う。緊張感を持ちつつ、落語をやる態勢にはしている」

古今亭文菊師匠に「権助提灯」の稽古をつけてもらった。これまでに、自分では少し距離を置いていた滑稽噺に真正面から取り組むことにした。

《権助提灯　ある商家の主人。妻のほかに妾宅に妾を囲っていた。ある風の強い晩、妻が、「今夜は風が強いから、こちらにいるよりもあちらにいたほうが良い」と。暗くて、道が悪いので、提灯持ちを連れて行くことに。奉公人はみんな寝る準備をしていて、ただ飯炊きの権助だけが大丈夫。そこで仕方なく、権助を提灯持ちに連れて行くことに。妾宅では、奥さんは本当は我慢しているので、ここに泊めては妾の分際で申し訳ないと、泊めてくれずにまたもと来た道を戻ることに。戻ると、また妻からどうしても、向こうに泊まってくれ、と。再び、妾宅へ。そこでもまた断られて、また戻ることに。そこで、権助に提灯を灯しておくれ、と頼むと、権助が「旦那様、その必要はねえだよ。もう夜が明けただ」。》

「古典落語は普遍ですからね。噺がこれで変ることはない。新作は、時代で変ってくるけど、状況をみないといけない。これ（新型コロナウイルスの感染拡大）は笑いにはできない。ロックダウンはまだしていないが、大阪に行っちゃおうかなとも。レギュラーのあるところに、全国に友達がいて、お世話してくれる。食べ物には困らない。

しかし、今はとむにはできる仕事も限られている。お茶はどのくらい売れるのかは分からない。

前にも話していた。「高座で良い落語をやったときに、お茶は売れる」のだと。今回、ネットでも、とむ茶を売る。どのくらい売れるかは分からない。基本は良い落語をやったときに売れるということは自分でも分かっている。

「ぼくはお茶屋さんではないので」

お笑いが駄目になったとき、それまで一人暮らしをしていたが、収入が閉ざされて、実家に戻った。そのときに、よく目標を書いて、自宅の壁に貼っていた。そのなかに、「区議会議員への準備」というのがあった。今回整理していて見つけた本に『地方議員になるには』という本もあった。政治家の道を本気で考えていたようだ。そうした目標を掲げていたころもあったのだと懐かしく思い出していた。

「本当に考えていたんだなって。いろいろとブレてブレて、ここになっているわけですから。今はブレてない。そこで、ぼくは飲食店とかじゃないんだなって思った。両方やっていたら、今回は両方とも駄目になっている」

とむは、今回、いろいろな本を整理していたら、これまでに自分が考えていた足跡が分かった。

沖縄の『三線入門』という本も出てきた。

「全部続いてないんですけど、一番良いのは、住む場所が必要だから、アパート経営なのかもしれないけど。何だろうな。手に職もないし。これからの時代、ひとつでは駄目なような気がする。三十万円稼ぐなら、月五万円のものを六個持っていたほうが。そういう時代なんだなあと。ぼくは、商売考えるのが好きだから、うちの母親も長野県を中心にジャム屋さん、やってるらしいし。ピアノの先生なのに。その血を引いているから」

最後は自身の母親まで登場させた。それともうひとつは生活の水準を落とすこと。

「それがてっとり早いかなって」

とむには今年は「覚悟」とか、いろいろなものを考えさせられる年になった。「いまだにまくらで話している、東日本大震災のときに被災地の子供たちに『がんばれ』っていわれたこととか、絶対にいつか生きてくるから、その経験が。あとやっぱり、ぼくは幸せもんなんで、悔いがないように、ぼくは、もう藝人というこの仕事以外できないことを知っているので。アルバイトも続かなくて、カレー屋さんで、バイトしたときも、まかないで、後で食べて良いというものをどうしても食べたくなって、営業中に食べてクビになったりとか」

自分でも病気だなと、とむは思う。そのことは自分でもどうしようもない。

「食べないと気が済まないんですね。食べたいと思ったら。オーナーがいなくなった瞬間に、食べてたら、戻ってきた。コントみたいな。基本的に自分は社会不適合者だというのは分かっているんで。思った以上に何もできないし」

飲食店でのアルバイトの失敗を思いながら、話した。

「ウーバーイーツをやりたいんですよね。運動にもなるし、あれがいいなって。あれはコロナに強いじゃないですか。一個いくらかですかね。それに比べたら、いかに落語家は楽をしているか、身にしみますよ。『いやあ、良い商売だな』って。ぼくは気付いていましたよ、お笑いの時にどれだけお金を稼ぐのが厳しいかというのが分かったから。だから、これはおかしいんだと思っていたけど、だけど、自分自身もだんだん麻痺《まひ》してきていたんですね」

金銭感覚も少し麻痺《まひ》して、そのぶんお金を使った。

「本を何百冊か売って、三千何百円になって、後でその本が急に恋しいものになるじゃないですか。今はアプリでスイカがすぐにチャージできるから、ピッ、ピッてやっていたけど、今度は十日間で一万円って決めた。意識していれば、タクシーも乗らないし、コンビニで買うときにも使わないようにしている」

そうするといかに今まで、あるはずのないお金を使っていたかが分かった。当たり前のことが、当たり前ではなくなっていた。

「毎日家にいたら、おかしくなっちゃうんで、自分で、お笑いの時に、その恐怖があるんで、外に出ちゃいけないといわれるが。走ったり、落語の稽古をしたり、藝人はいかに不安定な仕事で、不安定な精神状態にいるか、を。本当は、もろい。どんなに強い人でも」

だから、何かやっていかないといけない。

十二年前、とむは一番仕事がなかった。その頃は、毎日やることがなくて、毎日スポーツジムに通っていた。

「お金がなかったから、ジムではなく、スポーツセンターですね」

そして、身体を鍛《きた》えていた。その結果、すごいムキムキになった。その頃はスポーツセンターに通って、体を鍛えることで、精神の安定を保っていた。

「今は落語があるから、ありがたい。それがお金にはならないが。だから、新しいことをはじめないといけない。どうせ、何があっても、ネタになるんだから。人生の厚みを増やすために。今回は、みんなが何かしらの煽《あお》りを受けているから。世界中。今回は日本全国だから」

新型コロナウイルスとは別にこの時期に自分でも気づいたことがあった。

「日舞が楽しくて。月に二回の稽古。花柳流。日舞がこんなに楽しいとは。こんなに自分の性に合うとは思わなかった。へー、不思議だなって、全然興味がなかったのに。長唄はもうやめそうなんですけど。二月から始めたからまだ二カ月ですけど。『菊づくし』をずっとやってますけど。毎日、やっているんで。みんなには、『気持ち悪い』『気持ち悪い』っていわれて。それが余計に嬉《うれ》しくて。一個一個の動きを注意して、もう、お辞儀の仕方が変りましたもん。ちゃんと。一個一個やっていて、そういう場があるから、みんなに見せたいのに、やる場がない」

《**菊づくし**　日本舞踊の演目のひとつ。菊の花笠をかぶり、さらにそれを持って踊る。初心者に使われる曲で、子供がおさらいの会で踊る。》

今回のことで、自分でいろいろと気付いたことも多かった。そのひとつが、日舞だった。それでも、「長唄は駄目ですね。授業料が高いし。音が取れないし、飽きたらすぐにやめちゃうから」と、そこだけは、とむらしかった。

「自分のなかで『やらなきゃ』というのがある。マラソンもそうだが、週に一度、五キロを走らないと落ち着かない。去年の年末も、あるスポーツジムの会員で、どこのスポーツジムでも入れるんですけど、大阪の難波に行ったけど、あいてなくて、姫路にあるというので、鈍行で姫路まで行って、駅からも離れていて、仕方がないからタクシーに乗ってジムに行った。タクシーでジムに行くのは訳がわかんないけど、その後、山口に行かないといけない。終電に間に合わせないといけないので、四十分ほどしか時間がないので、急いで走って、それくらいやらないと気が済まない。それを考えたら、カレーくらい食べちゃいますよね」

自身の性格は自分が一番分かっていても、そこから先は、もうどうすることもできない。これから先も、変えることもできない。

「結構、マイナスになることも多い。今回も何かやろうと。今回気付いたのは、生活のために、落語をやっていたことが多くて、それをやめようかなと。すごく自分勝手だなと」

新型コロナウイルスの騒動で、いろいろな「気付き」をとむに与えてくれた。

「まだまだ(今回の騒動は)これでは終わらないと思う。世間的にも、ぼく的にも。この仕事しかできないから。やらないで後悔するよりも、やって後悔するほうが好きなので。今は落語に飢えている。落語をやることが楽しいし。新作落語も楽しいけど、古典落語で受ける楽しさも覚えてきている。権助提灯という噺がぼく自身好きだというのもあるんでしょうけど、あんまりみんなやらないのは、難しいんだろうな。あそこに出てくるみんなのキャラクターはぼく自身、理解できるから。

これをきわめて、本物にしてやろうと。これやりたいなと思って。浮気の噺と、女の人がでてくる噺が好きだし、やるなら、一門の人ではなく、厳しいところに行こうと。それで文菊師匠のところに行こうと、なるほど、こういう考え方をしているのかとか、気付くのに十年かかってしまった。（笑福亭）鶴瓶師匠の会で一緒で、水と油のようなふたりだけど、気があって」

とむ自身の落語への取り組み方も変えることになりそうだ。

「まあ、何とかなりますよね。スーパー落語をやって、古典落語に目覚めるという不思議な感じなんですね。それじゃあ、次は中身だな、しっかりしようと。いう方向に変ったので。明らかに。不思議なもので。いろいろとやってみないと分からないもので。古典落語に邁進して、本物になりたいなって。本物のところに」

とむは、しぶとく生きるすべを知っていた。他の人たちとは、少しその根性も違っていた。しかも、落語家として大切な世情を笑いのめすこともすでに知っていた。

東京に梅雨入り宣言がだされたばかりの二〇二〇（令和二）年六月のその翌日、とむの姿は板橋区の東武東上線ときわ台駅から少し離れた場所にあった。自動販売機の横に、多くの飲料の入った段ボール箱を置いて、カメラマンが来るのを待っていた。梅雨入り宣言はしたものの、その日は、午後から雨の予報だったが、午前中はよく晴れて、暑く、歩くと体中から汗が噴き出すほどだった。

とむは自販機をサイドビジネスで経営することを考えて、すでに実行していた。

何が何でも生き残るというよりも、どこかでそのことを笑いにしながら、そうしたサイドビジネスで、少しでもお金を生み出してくれるように考えていた。このコロナウイルスの真っ最中には、流行になったウーバーイーツの配達もやった。ともは、やれることは何でもやる。

自販機は、この十日ほどともの仕事が忙しく、補充を怠《おこた》っていて、甘酒など「売り切れ」の文字も出ていた。自販機には一カ月の売れた数字も出ていた、約五百本売れていた。売り上げは、五万円を超えていた。これは家計を助けてくれることになる。何よりも、自販機で、将来的には、とむ茶を売りたいという思いがある。だから、自販機に目を付けた。

自販機に缶を投入するのはなかなか大変だ。それでも売れると分かっているから、やっている作業は楽しそうだ。

「汗が出てきた」と、ともは額の汗を拭《ぬぐ》う。「暑い日も大変だけど、梅雨の雨の日も大変だろうなあ。(自販機の詰め替えは)思っていた以上に大変。大変だから、早く弟子をとって、ドリンクと名前をつけて、自販機の管理をさせる。そうだ、落語の弟子ではなく、自販機の詰め替えの弟子を取る」と、本気とも冗談ともとれる話をした。

「落語も汗かかないといけないだろうけど」と、そちらも気になる。

商品の知識もかなり仕入れてきたようだ。

「師匠の孫に、原価教えろよっていわれた」と、すでにいろいろな人がともの自販機ビジネスを知っているようだ。自販機の横にある空き缶入れがもう一杯になっていた。それだけ商品が売れたということでもある。通りすがりの人たちがゴミとして、他のものを入れることもある。

「ゴミ箱が怖いんです」

とむは、大きなビニールのゴミ袋を慣れた手つきで広げて、ごみを入れる。大きな音がした。

「前には、マスクが入っていた」と、話す。

自販機の飲料を追加して、自販機の横で一休みしていたときに、突然、手拭をマスク代わりにして登場したのが、立川キウイだった。キウイは、すぐそばに住んでいた。とむの実家の歯科に通っていて、ちょうど、治療を終えて出てきたところだった。

「キウイ師匠、一度ご挨拶をしなければいけないと思っていたのです」と、とむが丁寧《ていねい》に頭を下げる。すっかり落語家の世界に入っていた。すっかりその世界の一員だった。不思議そうな顔で、キウイはとむを見ていた。

8　とむの落語会再始動

六月二十一日午後、三遊亭とむは三カ月ぶりに、自分の勉強会を開いた。場所は、東京・亀戸だった。圓楽一門が亀戸梅屋敷寄席として使っている、亀戸梅屋敷で行われた。

とむがこれまで行っていた、いつもの勉強会は、それこそとむが「秘密の会」というように、五人ほどのお客さんでひっそりと行われていたが、この日の入場者は二十五人ほどを予定していた。

それでも、新型コロナウイルス感染拡大防止のための世間のソーシャルディスタンスで、会場におかれている椅子も、間隔をかなり広くしているから、この程度のお客さんの人数に抑えていた。

リハーサルというよりも、その手順を確認している高座のとむも、マスク姿だった。マジックを持って、写真の順番を決めて、その後ろに説明を書いていく。急に、大きな声で、楽屋に声をかける。

「着替えているところ、申し訳ない」と、この日の手伝いの弟弟子の三遊亭好好に声をかけた。久しぶりの高座にとむも、かなり緊張しているのが分かる。

「受付から、黒いネタ帳を持ってきて」

マジックを使って、写真の説明を書き続けた。好好がネタ帳を手に、入ってくる。そのついでに、きょうの会の打ち合わせも始めた。これまでと違って今、とむがラジオでやっている三題噺をやるという。会の途中でお客さんに、短いお題を貰って、その言葉を入れながら、それで短時間のうちに、噺を作る。かつて、落語家がそうした噺を作り、今でも名作として、残されている。

今のところ、ラジオでその才能を発揮しているとむだが、落語家としても、その才能は必要な部分だ。

「怖いよ」といいながらも、久しぶりの落語会をどこか楽しんでいるふうでもある。写真を一枚ずつ、見ながら、説明を簡単に書いていく。

開場の時間になると、待ちかねたお客さんが一気に入ってきて、すぐに座席は埋まった。新型コロナウイルスでの自粛期間を埋めるかのように、待ってましたといわんばかりだった。始まるときには、二十三人が会場を埋めた。それでも椅子と椅子の間隔が広くあいているので、余裕だった。みんなマスク姿だった。入口では、検温も行われた。

前座の楽太の「寄合酒」の後に登場したとむは、いつもと同じように、座布団の横できちんとお客さんにお辞儀をして、それから座る。

「好楽の六番目の弟子」と、いつもと同じ紹介をする。「四カ月ぶりの会で緊張している」とはいうものの、この日のとむは、いつもよりも声が出ていた。落ち着いてもいた。

この期間にあったことを話す。お客さんも、とむのそうした話を待っていたように、笑う。そこでは落語家について、「もともとあってないような商売」という。

その期間、収入がなく、持っていた本を売ったが、唯一、『二〇一二年地球は滅亡する』という本だけは売れなかったと、その本の表紙の写真を見せて笑わせた。弁当を運ぶ、ウーバーイーツのアルバイトの経験についても話す。四千円でバッグを買ったはいいが、ママチャリで配達して大変だったこと。自販機ビジネスで儲けようと、オーナーになった噺。何が売れるか。アマゾンでも、とむ茶を売っていること。将来は、とむ茶をペットボトルにして、自販機で売りたいと。株で一攫千金を狙ったこと。自粛期間に、テレビで再放送された自身が出ていた番組の話をしながら、自分は第一発見者の役で、それを実際に高座でやってみせる。

この日、最初に高座にかけたのは、「権助提灯」だった。このところ、気になっている噺だ。好好が、「やかんなめ」をやっている間に、三題噺を作る。

仲入り後に、とむは「道灌」を始めた。これは、教えて貰った師匠がはっきりと言わなかったから、認めてくれたのかどうか分からないから「道灌」ではなく「同感」だといって笑わせる。それでも前座噺を、その基本から学び直しているのが分かる。そのとむの姿勢を示すものだった。

会が終って、とむはいつものように、お客さんのひとりひとりに挨拶して、声をかけた。真打ちに向けて今、とむがいう。

「うまい落語家になろうとは思っていないが、真打ちに向けて、きちんと基礎ができていないといけない」

今回の新型コロナウイルス騒動で、いろいろと気付かされることがあった。

「ちゃんとした落語家しか残れない。落語会がゼロになって、落語家が淘汰《とうた》される時代になった。なかには、きっと廃業する人も出てくる。そこでは唯一無二のものを作っていかないといけない。時間はあるし、一からやり直そうと思った」と、とむは話す。そこで思いついたのが、道灌だった。

道灌は、柳家では入門したときに、最初に習う噺だ。だから、前座噺だといわれている。しかし、実際には、前座噺ほど難しいもので、さらに、そこには、基礎のすべてが含まれている。

昔の落語家は、「穴子でからぬけ」を入門して習い、それから稽古したということで、基礎から学んだことを示したりしたともいう。

とむは、「権助提灯」と「道灌」を学ぶことで、もう一度、落語の基礎から自分を見つめ直すことを考えた。それぞれ別の師匠から、噺を稽古して貰った。そのことも、落語に対する、とむの姿勢を示している。当然、これまでにも、噺を稽古して貰って、それぞれで噺をあげて、高座にかけていた。

「稽古は裏切らない」という言葉がある。コロナ騒動で、時間は十分にあった。だから、落語の稽古をした。これほど稽古をしたのも、とむにとっては、これまでになかったことだった。

「もしも、このまま真打ちになってしまっていたら、駄目真打ちになっていた」と、とむはいう。

このままでは、格好悪い真打ちになってしまう。集客だけにとらわれずに、内容の伴った真打ちになるには、今回の新型コロナウイルスの騒動はいいきっかけになったという。

「急がば回れです」と、自分に言い聞かせるようにいった。

「これが変われるチャンス」

「大変でもない。いままで何もしてこなかったから」

「これまで仕事がなくなったのは、これで三回目なので」

「落語家をやっていて本当に良かった」という。「淘汰《とうた》されなくてよかった」と、しみじみといった。

9　最後に

三遊亭とむは不思議な落語家だ。

偶然の機会を得て、話をするようになって、それまで知っている落語家とは違ったものを持っていた。

それを見極めたいとずっと話を聞き続けた。

「正法眼蔵随聞記」になるように、「古人云、聞くべし見るべし」を常に心掛けなければいけないと思っている。それは、新聞記者になってから常に考えていることだ。自分の目で見て、考える。会った人に話を聞いて考える。昔から「耳で聞きなさい、目で見なさい」といっている通りだ。

自分以外を信じないわけではない。ただこれまで新聞記者をやってきて、多くのことを見て、たくさんの人と知り合った。まず、声を出して、勇気を出して、話しかけることで、大切な人とも知り合うことができた。

とむはまさに発展途上の落語家だ。今のところはまだ二ツ目ではあるが、そこには無限の可能性を秘めている。落語のことをほとんど知らずに、自分の本能から落語家のその道を選んだ。その選択が間違いかどうかは誰にも分からない。

とむの魅力は、笑いについて、常に考えて前に進み続けていることだ。お客さんをどうすれば楽しませることができるか。そのことだけを考え続けている。いつの時代も、そうした考え方を持っていた噺家が売れた。ただ、何もしないでいた落語家はけっして売れてはいない。常に考え続けて、稽古して、努力した落語家だけが生き残る。

とむを見ていると、その努力は、すべてが自分の成長のため、師匠のため、家族のため、人生のため、仲間のためと、常にだれかのために、自分の決めた目標に向かって、努力しているのが分かる。

とむは、自分が悩んでいる姿を目の前で、見させてくれた。一度、見せるといったものは、何でも隠さずに見せてくれた。

自分自身の分析についてもだった。何よりも自分のことを細かく分析してみせた。落語についても正直だった。自分は落語を知らないからと後輩に頭をさげて、落語について教わっていることを正直に語った。そうした落語に対する姿勢は輝いていた。嘘はなかった。だからこうして、長い時間をかけてとむのことを追い続けた。しかも、まだまだ、この先を見続けなければいけない。

三遊亭とむは新しい落語家であり、古い昔からの落語界での修行の始まりでもあった。お笑いの世界から飛び出して、古い落語という世界で生き続けることになった。

新しい酒は、新しい革袋でなければいけないのか。これからの三遊亭とむをずっと見続けなければいけない。新しい酒を古い革袋に盛ったときに、そこからどうなっていくのか。とても興味深いことだ。

昔から藝の世界では「長生きも藝のうち」ということをいう。年齢を経るごとに人間が変わるように、藝も変わる。とむも入門から高座を見ていて、変わったところと、変わらないところがある。とても貪欲なところと、あっさりとしたところが混ざって、今のとむがある。

他の世界を知ってから、落語の世界に入ったこともあるのだろうが、その視点は、他の落語家とは違う。さらに大きく飛躍するためには、もっと努力しなければいけない。目標が大きければ大きいほど、高く、さらに遠くまで跳ばなければいけない。

そうしたとむをこれからも見続けることになる。

（了）

【著者】
松垣透
…まつがき・とおる…
1958年7月生れ。大分県中津市出身。大学卒業後、産経新聞社入社。現在「夕刊フジ」記者。著書多数。

Sairyusha

宙《そら》跳《と》ぶ落語家《らくごか》 三遊亭《さんゆうてい》とむ

二〇二一年一月三十日 初版第一刷

著者――松垣透
発行者――河野和憲
発行所――株式会社 彩流社
〒101-0051
東京都千代田区神田神保町3-10大行ビル6階
電話：03-3234-5931
ファックス：03-3234-5932
E-mail：sairyusha@sairyusha.co.jp
印刷――明和印刷(株)
製本――(株)村上製本所
装丁――中山銀士(協力＝金子暁仁)

ISBN978-4-7791-2722-9 C0076
http://www.sairyusha.co.jp